Duo Wu

度物

享受源于自我尺度的购物并重新审视生活意义的生活者

生活者“动”察 2020

The Dynamics of Chinese People

博报堂生活综研(上海)

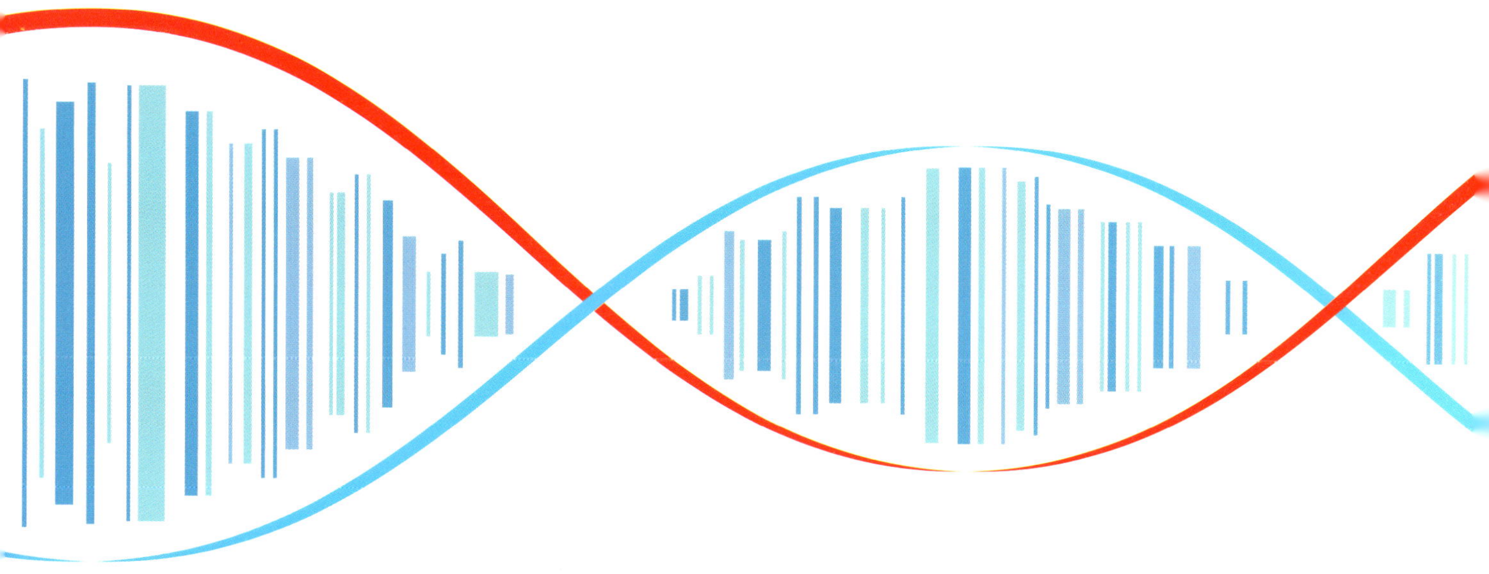

文匯出版社

【前言】

“高速化”购物环境下
开始重新审视生活意义的生活者

2020年的序幕由全球性的新冠疫情开启。由于国内迅速果断地实施了应对措施，生活者很快便适应了疫情下的日常生活。行之有效的隔离措施更是让中国优先于其他国家迎来了疫情后的复苏。

在逐渐恢复常态的后疫情时代中，我们可以感受到生活者的购物热情依然高涨。在疫情严峻的2020年2月，生活者消费意欲大幅下降，步入4月后，其消费意欲迅速回升，且6月的电商大促成交额再创历史新高。也许很多人觉得这样的消费现象和过去的“爆买”消费并无不同，但从本年度的“动”察中，我们发现生活者的购物意识和行为正发生着巨大的转变。

居家隔离期间，生活者开始有更多的时间及精力重新审视当下的生活方式。有一些生活者开始考虑自己生活的意义，并为将来做准备而进行投资理财、为提升技能而进行自我学习等。不仅对于生活进行反思，我们也看到了对消费进行反思的生活者动向。近年来，购物的周期和流程不断趋于“高速化”，导致生活者时常产生冲动购买行为。而居家生活期间，人们发现由于过去的冲动购买导致自己家里充斥着不少多余的衣物、化妆品等。这一现象也引发生活者比起“周围人会怎么看”更关注“对于自己来说是不是真的需要”的变化孕育而生。

重新审视生活的动向也逐渐影响了生活者的购物意识及行为。例如，不少人会为了省钱而花费很多时间、货比三家购买日用品，但对于中意的高级品牌化妆品却可以瞬间下单，大家购物时的“时间尺度”发生了变化。再例如，平时购物时，价格实惠与否是按照购买当时所花费的金额进行考量的，而在购买自己喜欢的高级家电时，会将其价格置换为每次使用时的“单次使用价值”。由此可见，购物时的“实惠感尺度”也发生了变化。这样一来，同一位生活者也会拥有多种购物标准，其购物意识和行为也变得复杂、多样起来。经历疫情后，比起外界的意见，生活者更关注商品是否符合自身的内在价值。

在这让人记忆犹新的一年中，以重新审视自己的生活方式为契机，生活者的购物意识及行为发生改变。同一位生活者也会拥有多样的、自由可变的购物标准。对企业和品牌方来说，这种转变意味着想要捕捉生活者的购物行为也变得更为困难、更难以揣测。在本次研究中，我们基于目前中国不断升级、变化了的购物环境，积极探索适合当下生活者的市场营销新方向，并提出了我们的观点及建议。

面对发生巨变的2020年，面对竞争愈发激烈的市场环境及变化莫测的生活者内心洞察，我们由衷地希望本书能为各位读者带来有助于应对中国市场环境及生活者变化的市场营销新视点与新思路。

博报堂生活综研(上海)　全体研究员

目录

1

因新冠肺炎疫情而变化的生活者

2020年，新型冠状病毒肆虐全球。
率先度过疫情至暗时刻的中国有着怎样的气象？

新冠疫情稳定后逐渐恢复活力的生活者

2020年可能是大家一生中最难以忘怀的年份之一。疫情的爆发让大家经历了一段长时间的隔离生活，因迅速且高效的疫情防控措施，中国率先进入后疫情时代。当2月份国内新增感染人数从峰值回落后，便逐渐迎来了生活、消费等方面的稳步恢复。3月份，我们在上海便看到了簇拥在地铁里的上班族，4月8日，武汉的封城也被解除。

在迎来第二波疫情预防的同时，“云游”“代替扫墓服务”等在线旅游和户外活动也伴随着经济活动的恢复开始活跃起来。选择自己在家做饭、自带便当盒而不是在外吃饭等生活习惯的变化趋势也越来越明显。

此外，生活者们也逐渐开始恢复户外活动。厌倦了居家隔离期间每天点外卖或自己在家做饭的生活者们，展现出强烈的外出就餐热情。这在一定程度上得益于政府对“夜经济”的推广，忙碌到深夜的餐厅也随处可见。

五一劳动节期间，很多生活者选择走出家门，享受与大自然的亲密接触，野餐、自驾旅行等户外休闲活动成为人们喜爱的度假方式。生活者在后疫情时期，迅速地投入到充满生机和活力的生活中去。

3月，新冠疫情稳定后，通勤地铁又恢复满员的景象

照片拍摄于2020年3月中旬的上海，距2月中旬疫情扩散高峰期仅一个月后，人流已经恢复到早晚高峰时间段通勤地铁几乎满员的状态。

3月，新冠疫情稳定后，夜间餐饮店里人潮鼎沸的景象

照片拍摄于2020年3月中旬的上海，在中国近年来“夜经济”活跃的趋势下，人们在餐饮店里享受夜宵所带来的快乐的景象随处可见。

“五一”小长假期间流行的户外野餐景象

照片拍摄于2020年北京“五一”小长假前后，经历长期居家隔离后，在公园及城市郊区随处可见享受户外活动的年轻人。

新冠疫情稳定后
消费热情高涨的生活者

在后疫情时期，生活者发生的最显著变化是消费热情的激增。为了促进因疫情而停滞的消费，政府以拉动内需为重点，地方政府发放“消费券”，积极开展各种促销活动，振兴地方经济。

政府的措施不只在于刺激消费者的购物行为，还包括扶持街头个体商贩的政策措施，即所谓的“地摊经济”。提倡发展“全民摆摊”的“地摊经济”让街边摊位林立，呈现节日般的景象。这种个人形式的经济活动，不仅成为摊主新的收入来源，也为普通人的生活内容增添了新的乐趣，形成了一种外出购物的动力源泉。很多摆摊的人不光为了挣钱，也为了能找到一个和顾客见面或交流的机会。

一定程度上得益于这些经济刺激措施，作为国内两大电商购物节的“618”和“双11”大促，均创下历史新高。2020年电商销售的增长率空前高涨，这一盛况在国内外都有报道，被称为“报复性消费”。

一直以来，中国生活者的“买买买”热情引起了全世界的关注。而疫情缓和后，中国生活者的消费热情及购买能力从某种程度上来说甚至超越了过去的“爆买”行为。这也进一步引发了全球众多国家的热议。

随着“消费券”的发放，各地促销活动日趋活跃

各地纷纷开展发放“电子消费券”等打折促销活动，即便在疫情刚刚放缓的时期，线上和线下的消费也再度呈现火爆场面。

※照片仅供参考

“地摊经济”的繁荣将人群带到街头

扶持“地摊经济”让街边摊位林立，呈现节日般的景象。除了地摊或夜市标配的“美食、美酒、小商品”等，我们还看到了“兴趣班报名、塔罗牌占卜”等为生活添姿添彩的特色地摊。

电商大促成交额比较

	618大促(6.1 - 6.18)		天猫双11(11.1 - 11.11)
	京东	天猫	天猫
2020年	2,692 亿元	6,982 亿元	4,982 亿元
2019年	2,015 亿元	(未公开)	2,684 亿元 (11.11当天)
2018年	1,592 亿元	(未公开)	2,135 亿元 (11.11当天)

资料来源：基于JETRO等数据 博报堂生活综研(上海)整理

中国市场购物新风尚蔓延

在消费行为愈发活跃的同时，由于数字技术的发展，消费者的购物环境正在发生重大变化。

2020年，“电商直播”成为一大话题。疫情期间，线下零售商也开始积极参与到线上直播大军中。直播不再只是KOL等具备集客能力的名人的专属，普通的店员也开始成为主播，进行直播带货。在限定的时间内抢购折扣商品这一特点，让电商直播备受青睐。许多生活者在直播中也进行了冲动购买。

电商直播

“团购”也成为流行的购物方式。疫情稳定后，生活者的节约意识提升，一些电商开始开展团购业务，极大程度上拓展了客户群体，受到老年生活者和地方城市生活者的青睐。现在，团购方式不只存在于电商平台，以住宅小区为单位的“团购”现象也逐渐普及，与陌生人组团购物已成为普遍现象。

团购

受新冠疫情影响而无法出国购物的生活者开始利用“跨境电商”，积极开展快乐购物生活。进口商品种类的扩大，让购物选择更丰富；国际快递仓储基地的扩张，让海外购物更方便快捷。此外，彰显个性的小众品牌、小众商品也极具人气。跨境电商的销售势头强劲。

跨境电商

中国消费者对新产品抱有极大的兴趣，所以直到现在二手商品市场依旧不是很活跃。不过，越来越多的生活者开始使用“二手电商平台”来购买“全新的商品”，在我们的访谈中就有生活者提到，自己所购买的一半商品都是在二手电商平台购买的。

二手商品交易

新的购物形式在中国不断地衍生并渗透到日常生活中，逐渐地改变着消费者的购物行为。

新冠疫情引发人们重新审视生活的动向

用一句话来形容经历过新冠疫情的生活者的变化，那就是“开始重新审视生活意义”。博报堂生活综研(上海)的独立调查结果显示，有82%的生活者想要重新审视自己今后的生活。该调查实施于2020年11月，虽然距疫情最为严峻的时期已经时隔数月，我们仍然能够发现人们想要重新审视生活的意向。有63%的受访者认为自己的生活受到了新冠疫情的影响。具体来看，29%的受访者表示，新冠疫情导致收入减少。

此外，由于收入受到影响，试图开始从事副业的生活者也变得越来越多。受访者中有47%的人表示自己原本就从事副业或打算开始从事副业，由此可见，生活者重新审视自己生活的意向较为明显。

关于大家从哪些方面开始重新审视生活内容的调查结果显示，生活者在“储蓄/资产管理”“健康管理”“消费”等方面重新审视的意向较强，他们正在采取措施为家庭理财做更充分的准备，意识到用健康的生活方式来预防疾病。

由于担心未来经济环境会因新冠疫情的影响而恶化，不少生活者在“以备不时之需”“学习/自我提升”“职业/工作方式”等方面进行重新审视。

新冠疫情对生活的影响

以疫情为契机，生活者正在重新审视自己的生活方式。

疫情的契机下，想重新审视今后的生活

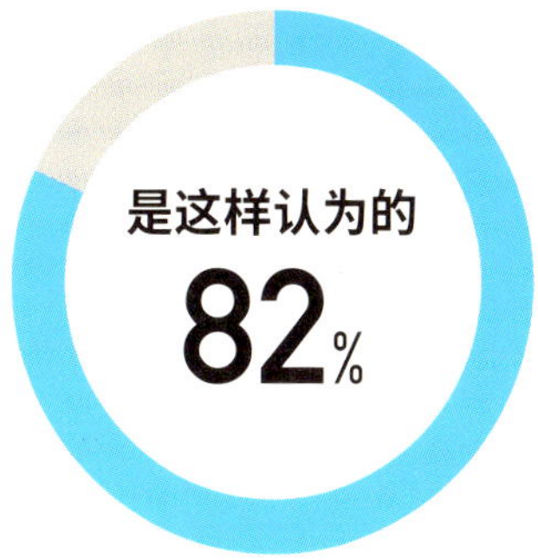

资料来源：博报堂生活综研(上海) 《购物生活调查2020》2020年11月

新冠疫情对生活的影响

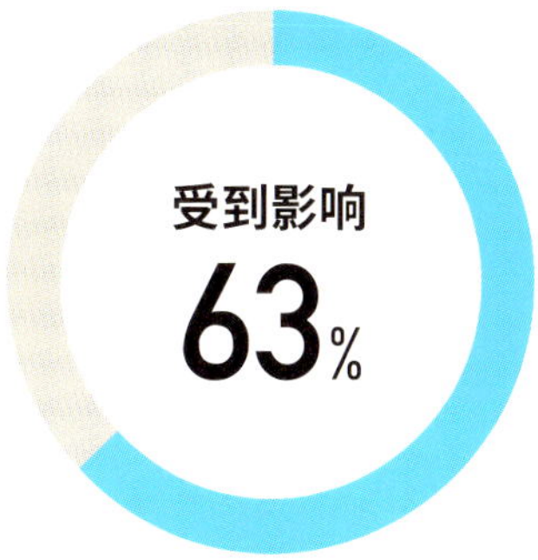

新冠疫情对收入的影响

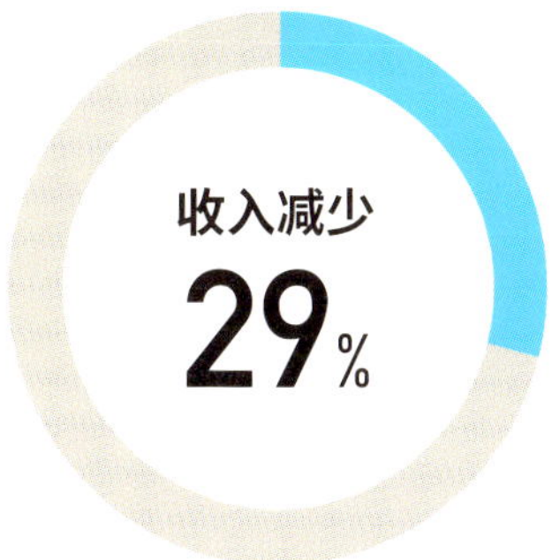

新冠疫情对副业的影响

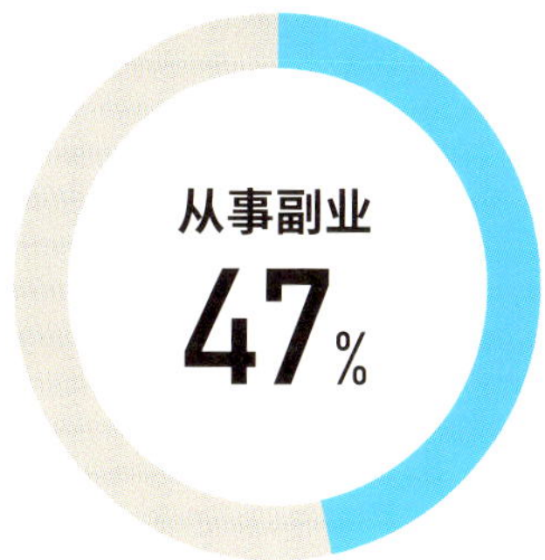

资料来源：博报堂生活综研(上海) 《购物生活调查2020》2020年11月

疫情稳定后开始重新审视的生活内容

41% 储蓄 / 资产管理

40% 健康管理

37% 消费

32% 以备不时之需

32% 学习 / 自我提升

31% 职业 / 工作方式

30% 社会贡献 / 环保

30% 居家生活方式

28% 教育 / 育儿

28% 赡养老人

28% 兴趣爱好

26% 人际关系

25% 家庭关系

21% 爱情 / 婚姻

资料来源：博报堂生活综研(上海) 《购物生活调查2020》2020年11月

比起他人看法
更注重自我价值观

为什么疫情会引发生活者重新审视生活的动向呢?我们采访了不同的生活者来深挖他们的真实想法。

一位家住大连的40多岁的女士说："新冠疫情让我不得不重新评估自己的生活方式,因为疫情影响了我原来的房屋租金收入。"她还表示,自己的生活关注点已经从外在因素,比如周围人对自己的看法,转变为内在因素,比如为了满足精神需求的消费,像读书、旅游等。

另一位家住北京的20多岁的女士,去年买了很多便宜的香水,但疫情居家隔离期间,她开始厌倦了家里有这么多闲置的东西,使得她对产品的选择方式也开始有了改变。她说："比起别人认为好的品牌,更倾向选择可以和自己长期'相处'的品牌。"

在这一点上,我们可以看出生活者生活意识变化的一个主要趋势。有66%的受访者表示,相比于以往注重周围人的看法,现在他们更关注适合自己的事物。有58%的受访者表示,他们花钱是为了改善自己的生活。此外,在喜欢使用社交网络的中国生活者当中,回答"在朋友圈里分享自己生活的频率减少了"(31%)的人数多于回答"增加了"(26%)的人数。在生活者中产生了比起"重视他人的评价和影响",更倾向于"重视自我价值观"的转变。

为何人们在疫情稳定后试图重新审视自己的生活？

“

新冠疫情影响了我的房租收入，让我重新思考自己的人生规划。**今后更想关注精神层面的东西**。比如，我想读更多的书，去旅游，获得很多知识。

（40多岁女性，大连）

”

资料来源：博报堂生活综研（上海）《购物生活调查（深度访谈）》2020年10月

“

比起名牌香水，**我现在对小众香水更感兴趣**。别人说的品牌固然不错，但我更希望**像选择朋友一样**，选择适合自己的品牌，**并跟这个品牌“长期相处”**。

（20多岁女性，北京）

”

资料来源：博报堂生活综研（上海）《购物生活调查（深度访谈）》2020年10月

疫情稳定后生活意识·行为的变化

更注重自我价值观

更愿意为了充实自己的生活而消费

自己发朋友圈的频率

资料来源：博报堂生活综研（上海）《消费晴雨表调查》2020年11月

资料来源：AURORA极光大数据

从他人评价向自我评价转变
重新审视自己的生活

我们来总结一下新冠疫情稳定后生活者的意识变化趋势。长期的居家隔离生活，为拼命追赶时代步伐并不断追求变化的生活者带来了一个可以停下来好好审视自我的机会。我们的深度访谈中，也有不少生活者表示，正是因为疫情引发了较为长期的居家生活，从而让他们去反思目前的生活方式、消费方式、工作方式、人际关系等。

这种自我反思，引发了人们从“重视他人及外界看法的生活方式”，向“优先充实自身生活内容的生活方式”转变。同时，比起他人评价，生活者开始更加关注自我的价值认可。

这种比起“他人怎么看”更为关注“自己怎么想”的观念转变，对包括购物在内的生活的方方面面都产生了较为重大的影响。

从他人评价向自我评价转变

重新审视自己的生活

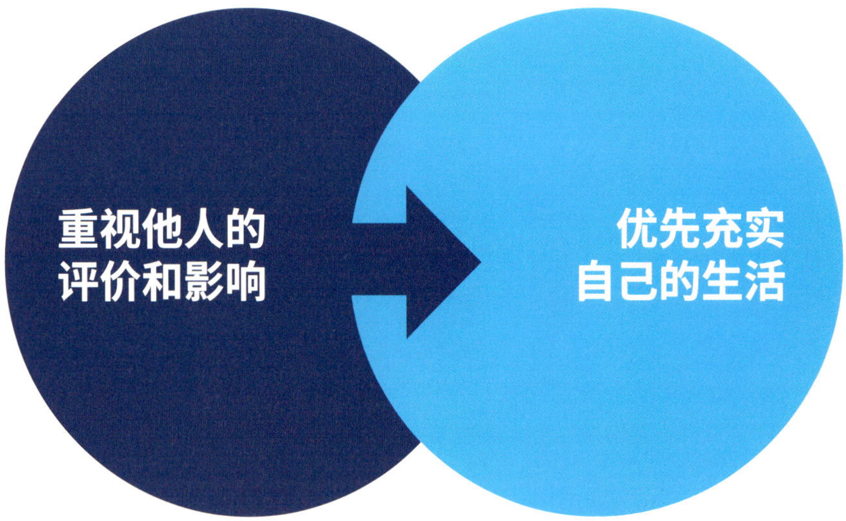

2

中国消费活跃的背景

围绕着新冠疫情稳定后的中国消费热潮，
我们回顾与购物生活变化息息相关的社会背景及经济环境。

新冠疫情稳定后
消费力的恢复状况

本章节我们将同大家探讨中国消费市场如何从疫情中逐渐复苏，为何会呈现出消费活跃的景象，由此挖掘中国消费力恢复的背景信息。

疫情对中国的整体经济造成了巨大冲击，2020年GDP增速为2.3%*[1]，较2019年的6.0%*[1]明显下降。但中国仍是世界上唯一实现正增长的国家，预计2021年GDP涨幅将超过其他主要国家，以6%以上*[2]的速度持续高速增长。

（*1中国国家统计局 *2《十三届全国人大四次会议审议的政府工作报告》）

从消费状况来看，新冠疫情高峰期的2020年1-2月，中国消费品零售总额明显低于2019年同期水平，但随后快速恢复，到2020年8月已超过去年同期的增长幅度。从商品类别来看，2020年1-3月，食品、医药品、饮料、日用品等生活必需品的消费增长率超过去年。3月以后，汽车、烟酒类商品的增长超过去年。2020年下半年，特别是化妆品、金银珠宝等消费品类别呈现高速增长。

从2020年与去年同比增加了的消费品类别零售总额增长变化来看，不仅是食品、医药品、日用品等生活必需品的消费，嗜好品、高价格耐用品、奢侈品等消费也逐步超过去年。

2020年全国社会消费品零售总额变化

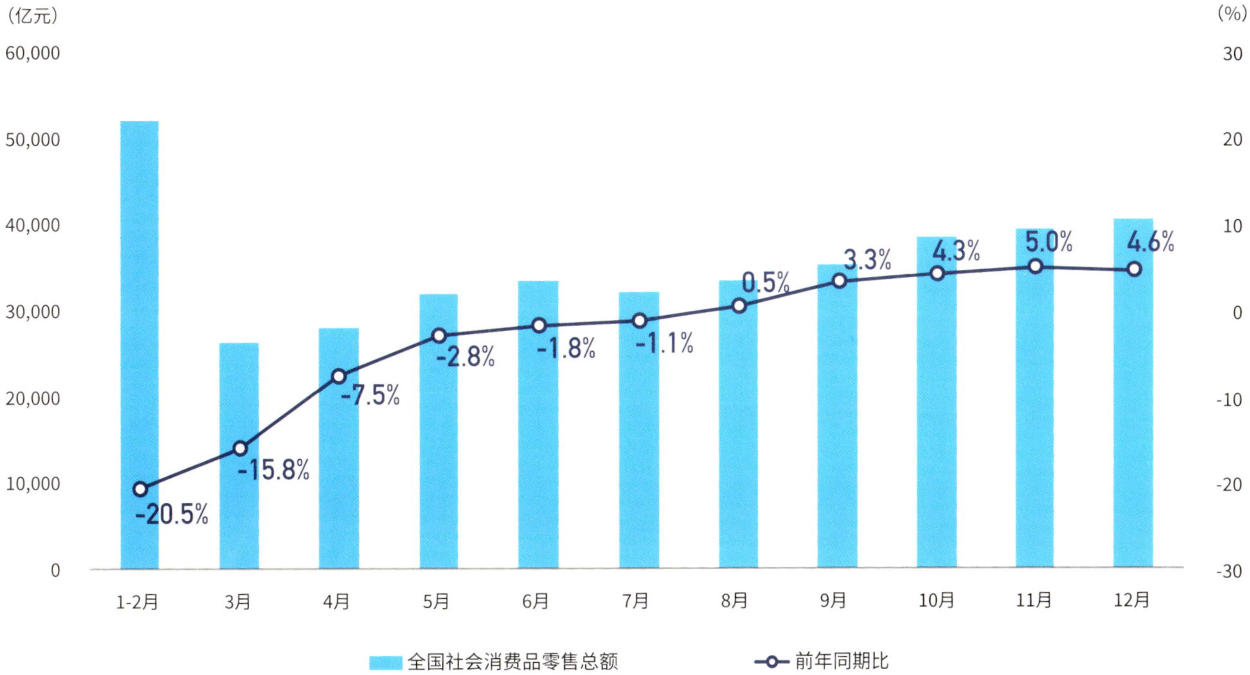

资料来源：国家统计局

2020年消费恢复的各社会消费品类别零售总额与去年同比

(%)

1-2月		3月		4月		5月		6月		7月		8月		9月		10月		11月		12月	
食品	9.7	食品	19.2	食品	18.2	日用品	17.3	化妆品	20.5	汽车	12.3	通讯器材	25.1	饮料	22.0	化妆品	18.3	通讯器材	43.6	日用品	16.8
饮料	3.1	医药品	8.0	饮料	12.9	饮料	16.7	饮料	19.2	通讯器材	11.3	化妆品	19.0	烟/酒	17.6	饮料	16.9	化妆品	32.3	家电/音像器材	13.9
医药品	0.2	通讯器材	6.5	通讯器材	12.2	化妆品	12.9	通讯器材	18.8	饮料	10.7	金银珠宝	15.3	化妆品	13.7	金银珠宝	16.7	金银珠宝	24.8	家居	12.7
		饮料	6.3	医药品	8.6	食品	11.4	日用品	16.9	化妆品	9.2	饮料	12.9	金银珠宝	13.1	烟/酒	15.1	饮料	21.6	食品	11.3
		文化办公用品	6.1	日用品	8.3	通讯器材	11.4	烟/酒	13.3	金银珠宝	7.5	汽车	11.8	文化办公用品	12.2	服饰	12.2	医药品	12.8	医药品	10.6
		日用品	0.3	烟/酒	7.1	烟/酒	10.4	食品	10.5	食品	6.9	日用品	11.4	汽车	11.2	汽车	12.0	汽车	11.8	饮料	9.2
				文化办公用品	6.5	医药品	7.3	家电/音像器材	9.8	日用品	6.9	文化办公用品	9.4	日用品	10.7	日用品	11.7	烟/酒	11.4	建筑/装潢材料	8.6
				化妆品	3.5	家电/音像器材	4.3	医药品	9.7	医药品	5.3	医药品	6.2	医药品	9.6	文化办公用品	11.7	文化办公用品	11.2	烟/酒	8.4
				汽车	0.0	汽车	3.5	文化办公用品	8.1	烟/酒	5.0	家电/音像器材	4.3	服饰	8.3	食品	8.8	日用品	8.1	服饰	7.4
						家居	3.0	建筑/装潢材料	2.2	文化办公用品	0.5	食品	4.2	食品	7.8	通讯器材	8.1	食品	7.7	石油及制品	5.8
						文化办公用品	1.9					服饰	4.2	建筑/装潢材料	0.5	建筑/装潢材料	4.2	建筑/装潢材料	7.1	金银珠宝	2.3
						建筑/装潢材料	1.9					烟/酒	3.1			家电/音像器材	2.7	家电/音像器材	5.1	化妆品	1.9
																家居	1.3	服饰	4.6		

资料来源：国家统计局　※表中仅呈现去年同比增加了的消费品类别

电商的高渗透率成为消费快速恢复的动力之一

疫情稳定后，中国消费市场迅速恢复的背后，我们也看到了国内电商渗透率的提升。由于国内电商高渗透率的消费结构，即使在疫情严峻的封城时期，人们的消费生活也并未受到很强的冲击。电商购物、送货上门、外卖服务等依旧在营运，生活者的许多消费活动并没有受到很大的影响及限制。

中国BtoC的电商渗透率在近年来不断上升，预计2020年达到44.0%，并位居全球最高水平，其市场规模与世界其他主要国家相比，具备绝对优势。此外，2020年1-2月，从中国的线上零售总额来看，市场规模超过其他国家的规模。同时，2020年1-2月中国的线上零售总额也已超过2019年同期数值。尤其在长假及大促期间，展现出其强劲的增长势头。

生活者访谈中，一些人表示，在新冠疫情爆发后，他们使用电商的频率变得更频繁。一位50多岁的女士说："经历疫情后我的消费习惯发生了变化。以前我都是在超市购物，但现在更喜欢用手机购物。"疫情触发了生活者的消费行为持续且显著的变化，一些过去不太用手机购物的生活者也开始主动通过手机购物软件进行购物了。其中，中老年群体也开始进一步探索短视频购物、直播购物、社区团购等过去没有尝试过或不够熟悉的线上购物方式。

主要国家电商市场规模

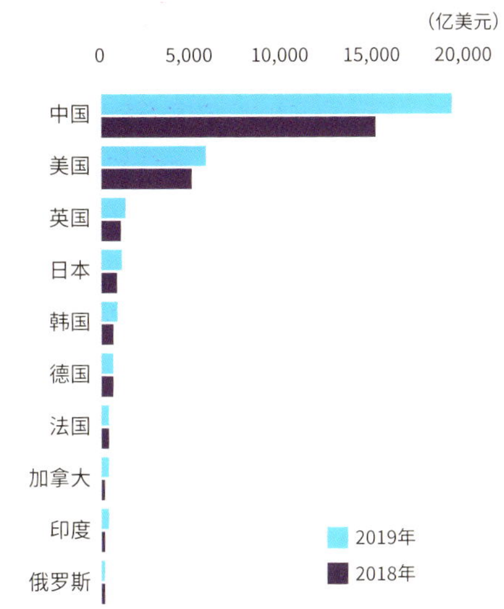

资料来源 ： eMarketer 2019年5月

中国BtoC电商市场规模及电商比率预测

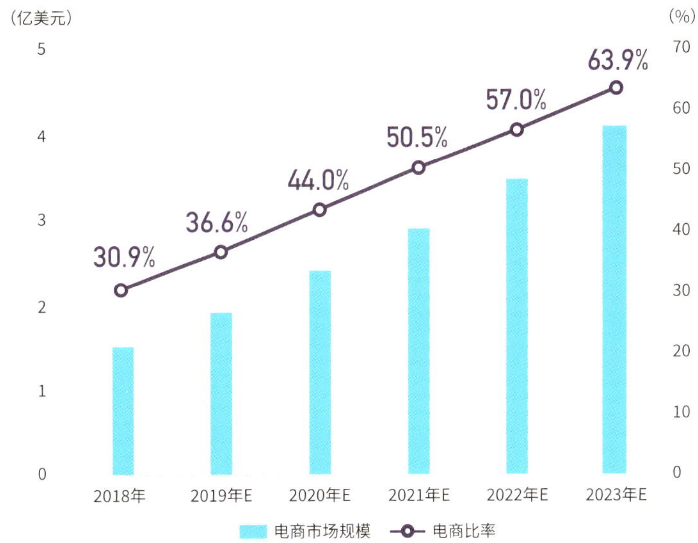

资料来源 ： eMarketer 2019年5月

中国线上零售总额的比较

资料来源 ： 国家统计局

疫情稳定后热衷于电商购物的生活者

> 经历疫情后，我的消费习惯发生了变化。以前我都是去超市购物，**现在迷上了用手机购物**。米和油等生活用品我都是通过APP来购买，然后店家会送货上门，非常方便。
>
> （50多岁女性，上海）

资料来源：博报堂生活综研(上海) 《购物生活调查(深度访谈)》2020年10月

三四线城市消费影响力不断提升

地方城市的经济增长为疫情稳定后的经济复苏贡献巨大力量。在三四线城市，家庭年收入在9千美元（约5.85万人民币）至3.4万美元（约22.09万人民币）的中产及以上的群体近年来不断扩大，这一群体的比例在过去二十年中翻了一番。

此外，如前文所述，三到五线城市居民使用互联网的比例增长迅速，从2018年的48.7%增长到2020年的59.2%，超过了一二线城市居民的比例，成为电商消费的强劲动能。

在采访三四线城市的生活状况时，一位居住在河南省四线城市安阳的40多岁男士说："在安阳，新能源车(NEV)的数量越来越多，大家的生活也较以前宽裕了。我身边很多人也在投资房地产。"由此可见，经济发展振兴了新兴产业，人们的生活变得更加舒适、宽裕了。另一位住在威海的30多岁男士说："这一两年我的收入水平一直在提高，因此变得更加有底气、更自信了。最近买了一块奢侈品手表，但是还没有来得及佩戴它。"地方城市生活者的消费也向着高价格方向发展。

疫情稳定后消费快速复苏，三四线城市市场为国内整体消费增长贡献巨大力量，释放强劲的消费动能。

按城市级别划分的中产阶级比例变化

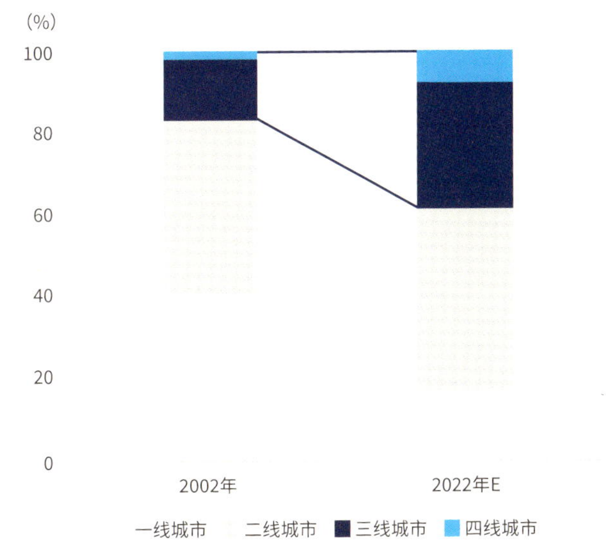

资料来源：麦肯锡　※"中产阶级"的定义：家庭年收入为9,000-34,000美元

各城市级别移动网民的分布

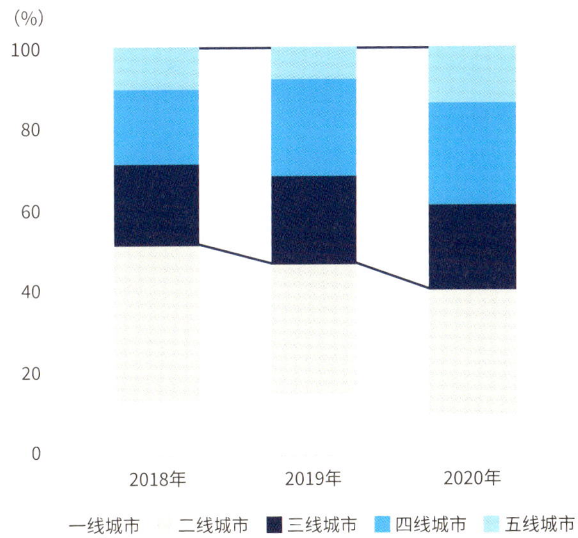

资料来源：MobTech数据

三四线城市的生活状况

安阳空气污染严重，交通管制也越来越严，最近看到**马路上新能源汽车变多了**。此外，我现在虽然还有房贷，但生活还是很充裕的。**周围很多人也都在投资房地产**。

（40多岁男性，安阳）

资料来源：博报堂生活综研(上海)　《购物生活调查(深度访谈)》2020年10月

我在这两年开始追求较高品质的生活。**由于收入水平的提高，我变得更加自信了**。最近买了一**块奢侈品手表**，但是还没来得及佩戴。

（30多岁男性，威海）

资料来源：博报堂生活综研(上海)　《购物生活调查(深度访谈)》2020年10月

中老年人的消费影响力不断提升

疫情稳定后，消费扩大的背后因素并不限于地方城市的影响力。目前，国内人口老龄化加速，中老年群体的社会影响力越来越大。据预测，家庭月收入在4,000元以上的中等收入及以上的老年人，将从2015年的0.9亿人增长到2022年的1.5亿人，增幅1.5倍以上。

此外，在疫情影响下，2020年中老年人的移动互联网使用率快速增长。50岁以上中老年人的移动互联网使用率从2019年6月的13.6%增长到2020年6月的22.8%。

在采访一些中老年人的生活状况时，一位50多岁的女性说："我开了一家小超市，由于疫情原因，客人变多了，赚得也比以前多了。近来，有空就看手机，由于看手机的时间增加，想买的东西也变多了。"疫情稳定后，她的生活依然宽裕并保有购物热情。另一位50多岁的女士说："我刚退休，闲来无事的时候就在网上看直播，兴致勃勃地购物。随着年龄的增长，我希望能更加提高自己的生活质量。"退休后的老年人其实更加期待享受充实的生活。

在人口老龄化演变的过程中，中老年群体的经济增长潜力很可能成为提升中国整体消费力的又一巨大动能，并成为一种长期趋势。

城镇老年群体收入构成变化

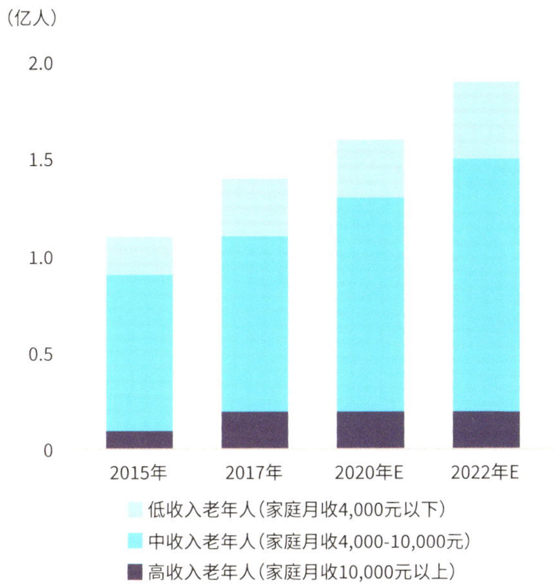

资料来源：《中国家庭金融调查报告》

50岁以上移动网民的比例变化

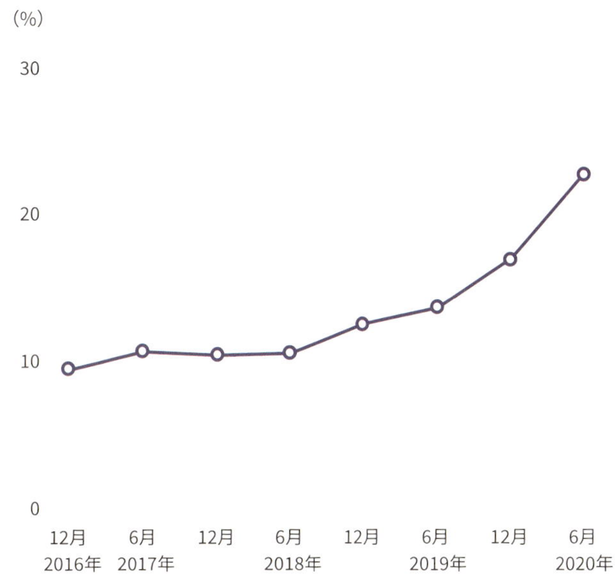

资料来源：基于《中国互联网发展状况统计报告》博报堂生活综研(上海)整理

一些中老年人的生活状况

“我退休后在小区里开了一家小超市，疫情导致大家不想出远门或去人多的地方购物，反而光顾**我店里的顾客增多，我赚的钱比以前多了**。每天**无聊的时候就会看手机**，看的时间越多，就越想购物。

（50多岁女性，威海）”

资料来源：博报堂生活综研(上海)　《购物生活调查(深度访谈)》2020年10月

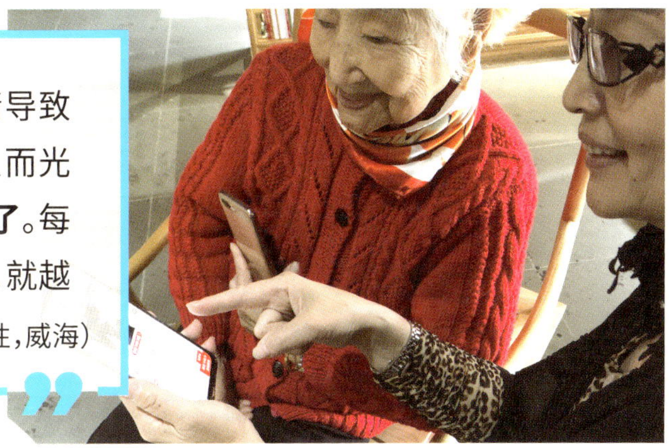

“退休以后，开始尝试一些过去从未做过的事情。**闲来无事的时候，经常看线上直播购物或逛街**。年龄越大，越想要享受高品质的生活。

（50多岁女性，杭州）”

资料来源：博报堂生活综研(上海)　《购物生活调查(深度访谈)》2020年10月

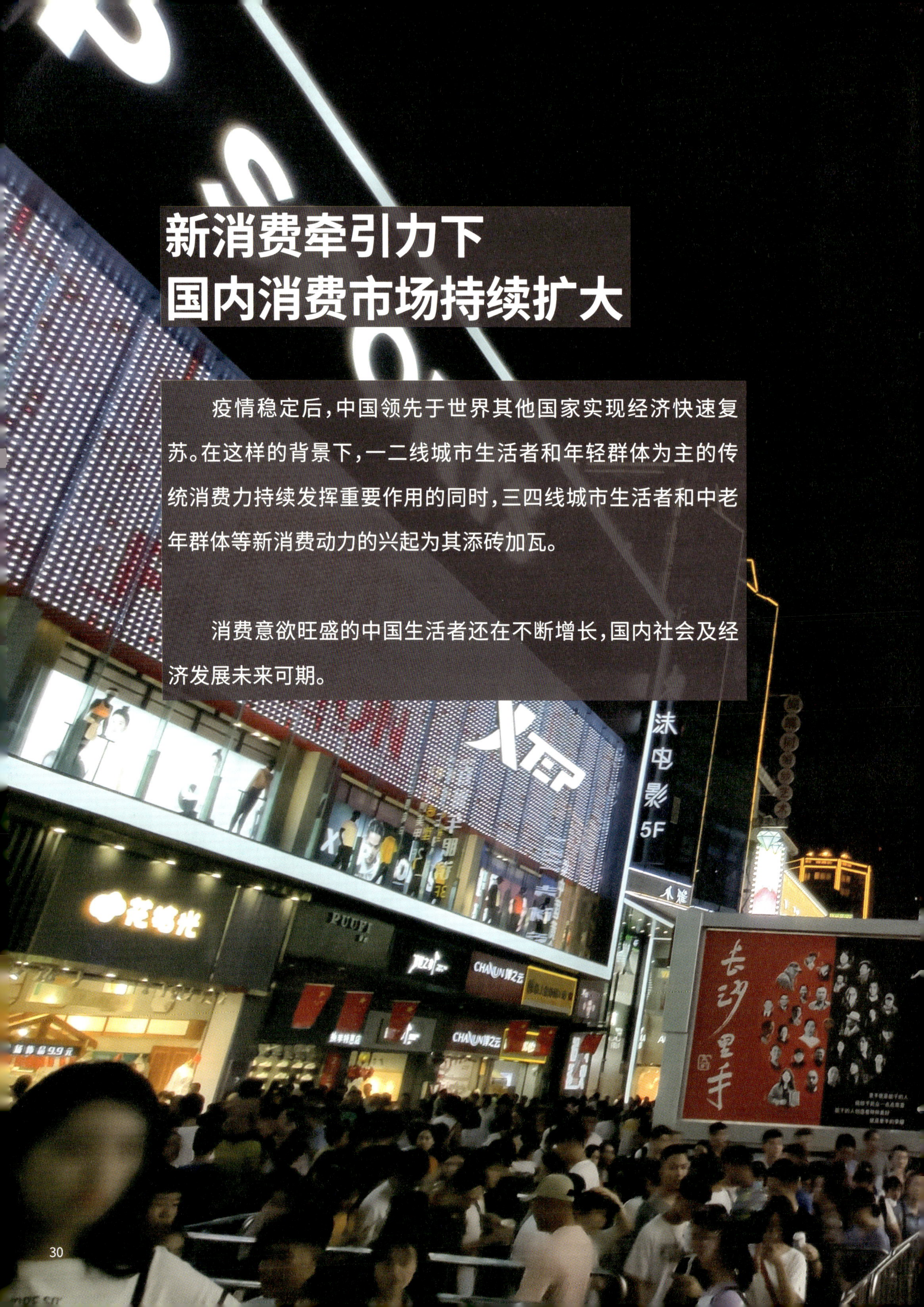

新消费牵引力下 国内消费市场持续扩大

疫情稳定后，中国领先于世界其他国家实现经济快速复苏。在这样的背景下，一二线城市生活者和年轻群体为主的传统消费力持续发挥重要作用的同时，三四线城市生活者和中老年群体等新消费动力的兴起为其添砖加瓦。

消费意欲旺盛的中国生活者还在不断增长，国内社会及经济发展未来可期。

国内消费恢复的背景

以往的消费牵引力

一二线城市生活者

年轻群体

+

新兴的消费牵引力

三四线城市生活者

中老年群体

3

生活者的消费意识和行为变化

疫情稳定后,生活者的消费欲望被激活。
目前生活者的消费意识和行为发生了怎样的变化?

消费欲望高涨的中国生活者

前面我们提到由于新冠疫情，生活者的意识重心正在从关注他人评价向关注自我评价转变，并开始重新审视自己的生活。下面我们就来详细了解一下，这种意识的转变是如何影响他们的消费意识和购物行为的。

首先，我们来探讨新冠疫情前后消费观念的变化。博报堂生活综研(上海)每月都会对消费者下个月的消费意欲进行名为《消费晴雨表调查》的预测调查。据《消费晴雨表调查》中的数据显示，疫情高峰的2020年1-2月期间，消费意欲下降了近10个百分点后，很快又恢复到之前的高水平，且此后的消费意欲一直保持稳定。

对比其他国家，中国的消费意欲指数有多高呢?我们2020年11月在中国、美国、日本开展的《购物生活调查2020》中的数据显示，中国“当前消费意欲”为76.5分、美国64.7分、日本55.8分，中国的消费欲望明显高于日美两国。虽然日本和美国受新冠疫情影响的时间较长，但单从指数来看，我们不难看出中国生活者的消费欲望处于极高的状态。

消费意欲指数的预测数值

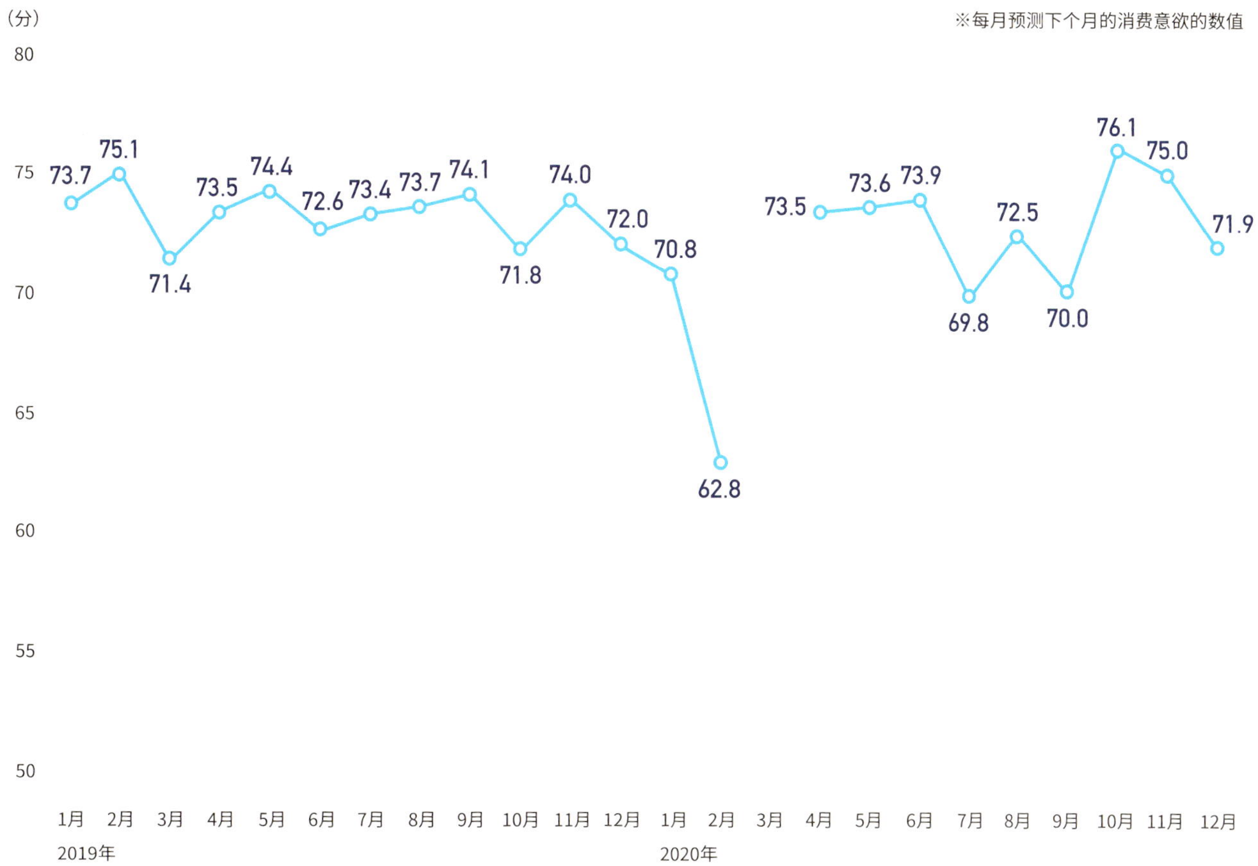

※2020年2月的消费意欲指数为博报堂生活综研(上海)的《新型肺炎影响把握调查(2020年2月)》的调查结果中的数值，即2020年2月的消费意欲指数为当月的消费意欲指数。此外，受新冠疫情影响，2020年2月并未实施《消费晴雨表调查》，因此暂无2020年3月的消费意欲预测指数。

资料来源：博报堂生活综研(上海) 《消费晴雨表调查》

中•美•日三国的消费意欲指数比较

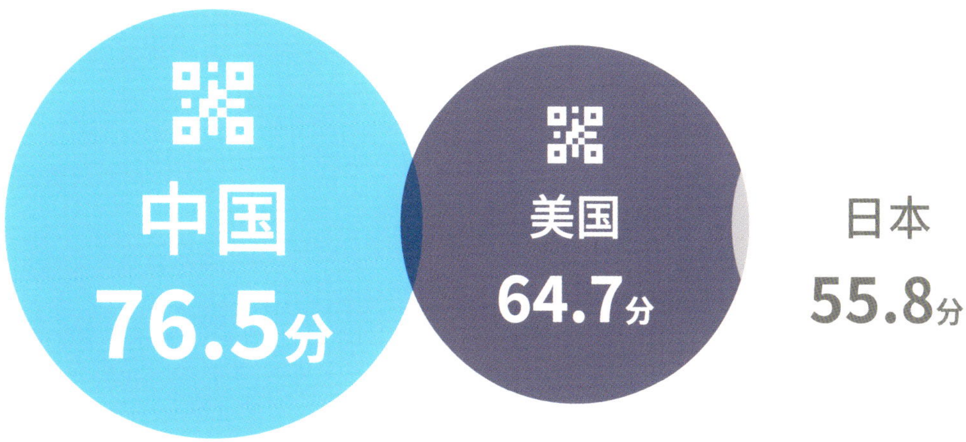

资料来源：博报堂生活综研(上海) 《购物生活调查2020》2020年11月

重视购物乐趣的中国生活者

为什么中国生活者具有如此高的消费欲望呢？　在本章节中，我们将探讨“购物的乐趣”。

我们调查了关于中国、美国、日本三国的生活者对“购物乐趣”的认知及理解，对于中国生活者来说，“购物很快乐”和“购物过程中的乐趣很重要”在三国中占比最高。40%的中国生活者表示，过去一年购物变得更加愉快。即便还是在疫情期间，购物对于中国生活者来说仍然是一种十分愉悦的生活内容。

为了了解中国生活者是如何享受购物的乐趣，我们调查了生活者在购物过程中最能感受到购物乐趣的时刻分布。调查结果发现，他们感受到购物乐趣的瞬间，不仅仅局限于把产品从快递箱或包装袋里拿出来的那一刻，“在发现自己想买的商品的时候”“在收集和研究商品相关信息的时候”“在发现折扣或特价信息的时候”等购物的全过程中，生活者都会感受到快乐和享受。

购物不仅仅是一种经济消费行为，更是一种爱好和娱乐方式。更有意思的是，在“在打开包装盒的时候”之后的使用过程中，比如“在首次使用购买的商品的时候”这一过程的享受度明显下降。这说明虽然购物的初衷是为了使用产品，但对于生活者来说购买行为本身已经变得比初衷更具有重要性了。

中·美·日三国对"购物乐趣"认知的比较

	中国	美国	日本
购物很快乐	87%	85%	73%
购物乐趣很重要	88%	76%	82%
购物比以前更有趣	40%	27%	10%

资料来源：博报堂生活综研(上海) 《购物生活调查2020》2020年11月

在购物过程中感受到愉悦的瞬间

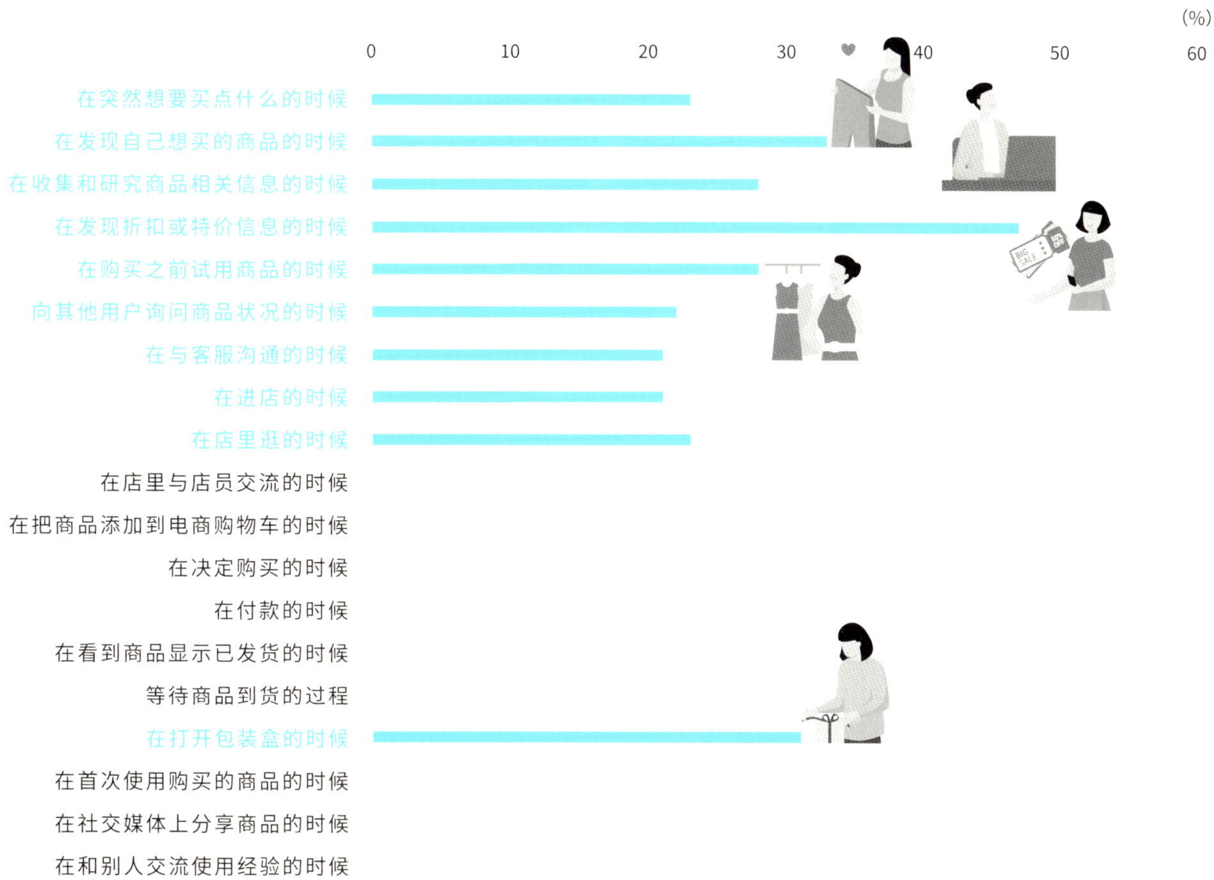

资料来源：博报堂生活综研(上海) 《购物生活调查2020》2020年11月

购物是生活的原动力

为了更加深入了解生活者是如果看待购物的，我们让受访者列出他们认为与“购物”相关的关键词，并询问他们对购物的态度。

当我们将受访者列出的关键词分为“积极印象词汇”和“消极印象词汇”两类进行比较时发现，在中国，正面印象的词量很高，而负面印象的词量极低。从排名靠前的关键词来看，不仅有“开心”“幸福”，还有“放松”等词，大家似乎能从购物中获得慰藉。

当被问及“购物对你来说意味着什么”的时候，一位20多岁的女士说：“对我来说，购物是一件让我的生活充满乐趣的事情，它让我尝试着买更好的东西，也让我有了生活的目标。”另一位20多岁的男士说：“我在买眼镜的时候，会每天看一次想要购买的眼镜的图片来说服自己下单，这样的状态会持续一周左右，就像给自己洗脑一样。”就如这位男性受访者所说，生活者自身也会有意识地去培养购物的乐趣。

对于中国消费者来说，“购物”被定位为一种特殊的存在，在生活中扮演着至关重要的角色。可见中国生活者是发自内心地热爱购物。

提到“购物”会联想到的关键词

积极印象词汇		消极印象词汇
23%	中国	1%
16%	美国	4%
13%	日本	5%

积极印象词汇：快乐、实惠、兴奋、放松、幸福

消极印象词汇：冲动消费、麻烦、选择困难、费钱、痛苦

资料来源：博报堂生活综研(上海) 《购物生活调查2020》2020年11月

购物意味着什么?

> 对我来说，**购物就像一种调味品**，存钱也是为了能购买更好的商品，它**让我的生活有了目标**。
>
> （20多岁女性，广州）

资料来源：博报堂生活综研(上海) 《购物生活调查(深度访谈)》2020年10月

> 想买一副质量好的大牌眼镜。每天都会看一次商品的图片来说服自己下单，这一**给自己洗脑的行为持续了一周左右**。
>
> （20多岁男性，广州）

资料来源：博报堂生活综研(上海) 《购物生活调查(深度访谈)》2020年10月

生活者的变化❶

持续高涨的“购物热忱”

本节总结了疫情稳定后，生活者消费心理的第一个变化。

虽然疫情之前，中国生活者也很注重享受购物带来的乐趣，但疫情稳定后，购物不再仅仅是一个购买行为。生活者在重新审视自己的生活方式的过程中，开始把购物视作创造美好幸福生活的一个新的动力源泉。

这使得“购物”的地位变得与以往不同，形成了比以前更为高涨的“购物热忱”。

生活者

消费心理动向❶

持有“购物热忱”的生活者

作为重新审视生活的重要一环，购物成为“充实生活的原动力”

后疫情时代生活者的购物乐趣依然高涨

变化了的"购物爱"

王禾
广东省广博报堂
市场策划部副总监

中国生活者是发自内心地热爱购物，早在五年前便有"爆买"一词出现。而2020年，国内率先控制住了疫情后，经济稳步恢复，在生活者开展一系列"报复性消费"的同时，我们也可以看到生活者身上正在发生的一些变化。

高端消费："无常"中厚待自身

奢侈品牌、高端护肤、健康类商品畅销的背后，是因为在2020年苦于种种限制的生活者想获得犒赏和安慰。生活者耳闻目睹许多无名或有名者的死去、各类店铺的倒闭等等……数十年不遇的"集体性无常体验"，使得对生命和健康的珍视程度空前高涨。

社交消费："共患难"后更珍视他人

首先是家人。博报堂生活综研(上海)2020年2月实施的疫情研究报告显示："更想珍惜家人"的意识高涨。

不仅仅是对家人，对人际关系的重视也值得瞩目。相比过去的"重视自我个性的彰显"，开始更加珍视"来自他人的温暖"。疫情居家隔离期间，外卖小哥这一职业受到关注，正是外卖及快递小哥冒着风险辛苦工作，才保证了大家的生活正常运作；正是因为大家相互扶持，才安然度过了灾难。由此，生活者更想善待身边的人、更关注人际关系了。

尝新消费："新鲜事物"带来的新视野

疫情中，生活者深切感受到高科技为生活带来的便利性，人们变得更愿意主动拥抱新科技。不仅是新科技领域，隔离期间意识到自身兴趣枯燥的人也开始挑战徒步和露营了；疫情期间体验到了宅家之乐的人也开始充实属于自己的家居生活了。

正是因为变化不可抗地"入侵"了生活，人们才能发现自身惊人的适应力，变得更愿意尝试过去不曾接触的"新鲜事物"了。

2020年中国生活者高涨的"购物爱"的形成过程中，发生着对自身、对他人、对变化等一系列的意识转变。生活者想全方位地吸纳崭新的能量，积蓄力量以迎接今后的挑战。

从电子支付应用的支付记录来看消费金额和消费频率现状

反思冲动消费，开始有计划地存钱

（20多岁女性，广州）

●2020年支出的金额减少了。

●受疫情影响，我克制购买不必要的东西，不再大量囤货。

●今年我开始把每个月工资的20%存起来，还为自己和父母买了保险。

●“人情往来”的支出增加了，主要是给父母和老公买营养品，来表示自己的关心。

●受疫情影响，不必要的“休闲生活”支出减少了。

●“服饰美容”支出减少了。因为2019年买了太多衣服，衣柜都塞满了，今年要克制。

22:33

支出分类　2019 年
支出总次数　444 次

支出总额	￥131,943.58
生活日用 27.9%	￥36,812.50
服饰美容 22.7%	￥29,987.75
休闲生活 7.1%	￥9,382.85
人情往来 4.5%	￥5,948.00
医疗保健 2.5%	￥3,287.16
餐饮美食 1.8%	￥2,433.95
交通出行 0.4%	￥542.93

22:33

支出分类　2020 年
支出总次数　255 次

支出总额	￥88,451.33
生活日用 28.7%	￥25,743.49
人情往来 23.1%	￥20,445.42
酒店旅行 22.8%	￥20,209.87
医疗保健 2.9%	￥2,529.00
餐饮美食 2.7%	￥2,362.24
服饰美容 2.6%	￥2,277.25
休闲生活 0.1%	￥82.88

通过做职业规划进行张弛有度的消费，以备不时之需

（30多岁男性，重庆）

●疫情带来经济的不确定性，建筑行业也受到影响。今年收入下降了，整体消费也比较节制。

●“图书教育”支出增加。疫情引发了我的危机意识，所以报了建筑学课程和考试。

●“服饰美容”和“生活日用”消费大幅下降。感觉大家都变得节约了，自己也想减少不必要的支出。

●“餐饮美食”消费增加。许多餐厅在疫情后推出超值优惠活动。作为吃货的我，这方面消费反而增加。

22:33

支出分类　2019 年
支出总次数　518 次

支出总额	￥293,567.64
餐饮美食 17.7%	￥51,949.18
生活日用 6.5%	￥18,971.29
金融保险 2.3%	￥6,784.09
休闲生活 1.0%	￥2,836.93
服饰美容 0.8%	￥2,303.58
交通出行 0.6%	￥1,897.37
图书教育 0.5%	￥1,539.87

22:33

支出分类　2020 年
支出总次数　338 次

支出总额	￥204,189.06
餐饮美食 45.8%	￥93,762.84
图书教育 8.5%	￥17,378.04
生活日用 2.4%	￥4,984.00
休闲生活 1.5%	￥3,145.51
爱车养车 0.6%	￥1,205.00
酒店旅行 0.5%	￥974.00
服饰美容 0.4%	￥833.02

为深入了解新冠疫情前后生活者消费行为的变化状况，在调查对象的许可下，我们收集了受访者2019年和2020年(截至调查时的10月)的支付宝消费记录，并进行了对比分析。

从月光族变为在自己收入范围内的消费，注重消费质量

（20多岁男性，保定）

●2020年的支出金额减少。身边朋友因疫情导致负债甚至破产，自己也开始担心，所以尽量省吃俭用。

●“信用借还”减少。直到去年，我一直都用分期支付的方式为女朋友花钱，今年开始不用分期了。

●“转账充值”增加。本身喜欢打游戏，疫情发生后又经常宅在家里打游戏，在游戏上消费了2万多元。

●“服饰美容”支出增加。买了1,000多元的运动鞋和知名品牌的衣服。

支出分类 2019 年
支出总次数 525 次

支出总额	¥211,915.30
信用借还 74.8%	¥159,176.69
转账充值 11.7%	¥24,793.10
餐饮美食 3.7%	¥7,790.73
交通出行 2.7%	¥5,679.56
生活日用 2.0%	¥4,225.27
服饰美容 1.2%	¥2,515.49
医疗保健 0.3%	¥664.64

支出分类 2020 年
支出总次数 313 次

支出总额	¥108,025.26
转账充值 72.3%	¥78,430.29
服饰美容 14.1%	¥15,280.00
餐饮美食 5.7%	¥6,145.83
生活日用 2.1%	¥2,279.00
生活服务 0.7%	¥767.82
医疗保健 0.7%	¥733.73
休闲生活 0.3%	¥349.28

疫情期间赚了很多钱，所以比去年支出更多

（50多岁女性，威海）

●在居民区里开了一家小超市。因为疫情带来了很多的商机和生意，所以我的消费比去年多了。

●“转账充值”支出最多，主要是自家超市进货交易支出。疫情导致居家时间变多，用手机看直播带货，买了不少东西，其中一半都是在某非常实惠的拼团APP中下单的。

●今年赚了不少钱，所以买了1万元的理财产品和3,755元的保险。

●“生活日用”上的支出减少了。想为女儿省钱，就不买不必要的日用品。

支出分类 2019 年
支出总次数 544 次

支出总额	¥84,607.30
生活日用 39.7%	¥33,881.89
转账充值 22.4%	¥18,964.47
服饰美容 14.4%	¥12,168.73
餐饮美食 6.9%	¥5,807.06
医疗保健 1.4%	¥1,165.95
投资理财 0.1%	¥1.88
金融保险 0.1%	¥1.60

支出分类 2020 年
支出总次数 523 次

支出总额	¥173,277.41
转账充值 56.0%	¥97,695.71
生活日用 10.7%	¥18,559.13
服饰美容 7.5%	¥12,992.13
投资理财 5.8%	¥10,000.00
餐饮美食 3.4%	¥5,869.06
金融保险 2.2%	¥3,755.49
医疗保健 0.8%	¥1,454.76

资料来源：博报堂生活综研(上海)　《购物生活调查(深度访谈)》2020年10月

购物的品质提升了
购物的重心也发生了变化

正如大家在上一章节所看到的，根据博报堂生活综研(上海)对支付宝消费记录的分析，这一章节我们将对过去一年消费金额和消费次数的变化进行说明。

整体来看，与2019年相比，2020年支付宝的人均月消费金额由5,847.34元增加到6,728.09元，消费次数由41.66次增加到42.42次。考虑到2020年1月至2月期间大多数的生活者都处于居家隔离状态，消费金额及次数纷纷上涨的结果让我们不得不感叹生活者们的消费热情。

另一方面，如果将调查对象仅限于在新冠疫情期间“开始重新审视生活意义”的生活者后，我们发现支出金额从5,828.36元增加到6,464.35元，而支出次数则从41.02次略微减少到40.00次，即“支出金额增加了，但支出次数却减少了”。换句话说，重新审视生活意义的生活者的消费品质发生了变化，每次购物的品质有所提升。

从各项目消费支出内容变化来看，与2019年相比，2020年的生活者因受疫情影响，“投资理财”“医疗保健”“金融保险”等为将来做准备的支出金额增加。此外，“服饰美容”“生活服务”等生活必需性较弱的消费类别、为促进自我提升的“图书教育”消费类别均有所增长。

支付宝支出金额及次数变化

	整体 消费金额（每人月平均）	整体 消费次数（每人月平均）	重新审视消费的群体* 消费金额（每人月平均）	重新审视消费的群体* 消费次数（每人月平均）
2019年	5,847.34 元	41.66 次	5,828.36 元	41.02 次
2020年	6,728.09 元	42.42 次	6,464.35 元	40.00 次

*"重新审视消费的群体"为：以2020年新冠疫情为契机，开始重新审视消费或打算重新审视消费的人群。

资料来源：博报堂生活综研(上海) 《购物生活调查2020》2020年11月

支付宝消费支出排名靠前的消费类别金额变化

每人月平均支出金额（元）

2019年		2020年	
转账充值	1,153	转账充值	978
投资理财	674	投资理财	754
其他	526	其他	605
生活日用	326	生活日用	275
餐饮美食	253	餐饮美食	198
服饰美容	178	服饰美容	191
人情往来	110	医疗保健	56
交通出行	68	信用借还	56
信用借还	64	生活服务	46
休闲生活	54	充值缴费	46
医疗保健	47	休闲生活	45
通讯物流	43	交通出行	39
充值缴费	30	图书教育	34
爱车养车	30	人情往来	28
图书教育	27	金融保险	26
生活服务	14	爱车养车	22
金融保险	13	通讯物流	14

※蓝色字体为与2019年相比，增长高于5元的消费类别。

资料来源：博报堂生活综研(上海) 《购物生活调查2020》2020年11月

地方城市的购物意欲高涨
每时每刻享受购物

我们利用大数据来研究消费者行为的变化。在上海电商代理(上海联恩)的协助下，我们基于生活者在电商平台的购物行为进行了大数据分析。

从右上的“各城市级别的电商平台购买行为变化”的图表来看，我们将2，000多万人在电商平台中的购买数据，按购买者居住的城市级别，绘制了“购买人数占比”和“购买人数去年同比”的气泡图。如图所示，一线城市、新一线城市、二线城市等发达地区的购买人数占比较大。但从同比增速来看，三到五线城市的购买人数增长明显。大数据显示，2020年，三到五线城市的消费增长将成为中国经济增长的重要因素之一。

右下的“各时段电商平台下单支付占比”图表(为了更加准确地分析出电商购物活跃的时段，我们排除了“618”“双11”在0点下单的数据)来看，我们发现，电商下单比例均匀地分布在“除凌晨1-6点的睡眠时间和7点左右的起床时间之外”的各个时段。由此我们感受到了生活者全天候的购物行为的特征。

不论是三到五线城市购买人数的同比增长幅度，还是生活者的几乎遍布全天候的购物活跃时段，我们都可以看出地方城市购买力的显著提升，且中国生活者们享受着全天候的购物乐趣。

各城市级别的电商平台购买行为变化

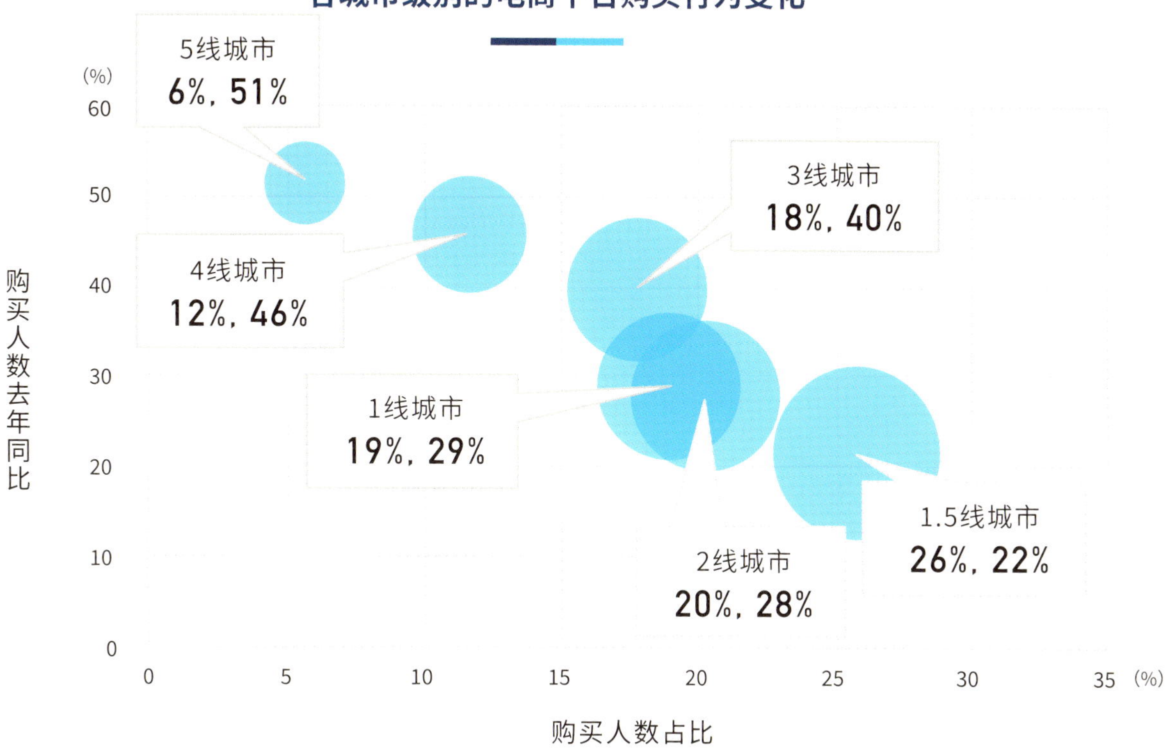

资料来源：上海联恩 电商消费数据 N=21,420,814　2020年1-12月

各时段电商平台下单支付占比

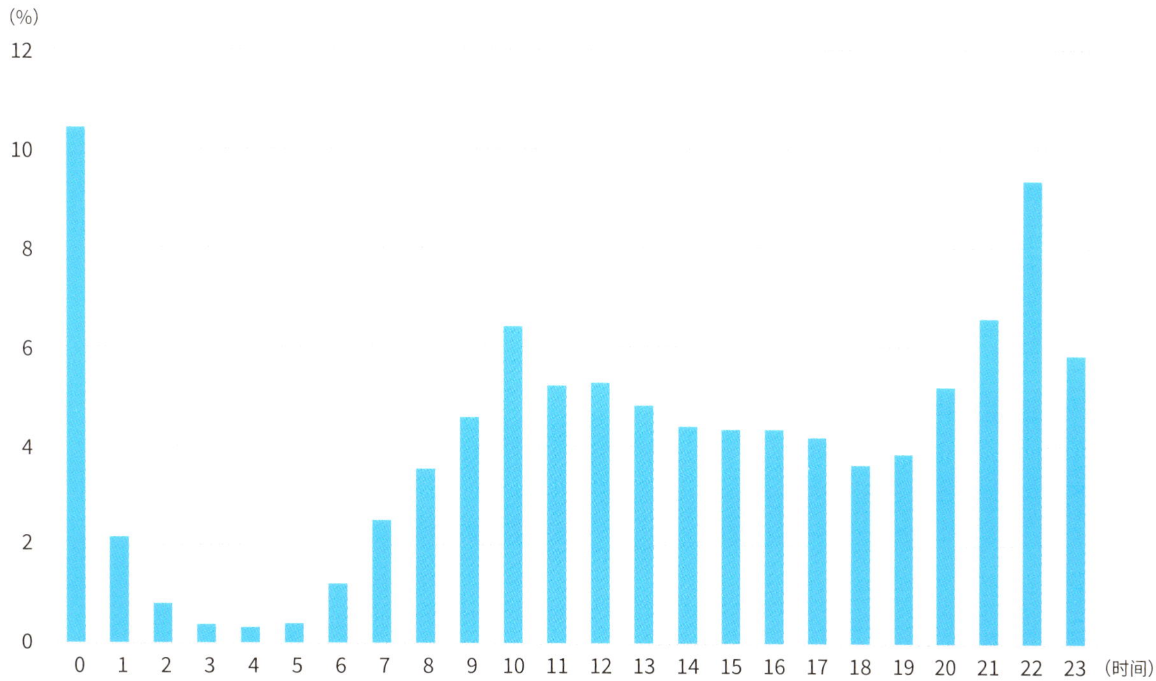

资料来源：上海联恩 电商消费数据 N=21,420,814　2020年1-12月

购物行为“高速化”引发谨慎消费意识

接下来将阐述生活者的消费意识及行为变化的原因所在。

首先，新冠疫情稳定后，生活者在购物过程中产生“张弛有度”的消费意识。调查结果显示，70%的生活者表示“即使花大价钱也要买好的商品/服务”，而这一现象在我们对支付宝消费记录的分析中也有体现。疫情后重新审视生活意义的生活者们的消费频率降低的同时，消费金额有所增长。而另一方面，我们发现，节约意识提升的生活者高达83%。从这一调查结果中我们不难看出，生活者关注消费品质的同时，也产生了极强的节约意识。两种意识在同一位生活者的消费行为中并存，我们称之为“张弛有度”的消费。

消费意识变化的第二个特点是持有更加谨慎的购物态度。在调查结果中还发现了诸如“会花费更多的时间去认真选购”(41%)、“为了获得更高的性价比，即便耗时耗力也不会嫌麻烦”(36%)、“为了选择好的商品/服务，不会嫌麻烦”(40%)等谨慎消费意识的出现。而这一变化是由于国内趋于高速化的消费环境下，生活者开始意识到过去的冲动购买行为，并有意识地避免过度消费。比如，调查结果中显示，生活者感到“购物的速度越来越快了”(48%)、“在广告和折扣的影响下，开始注意不要冲动消费”(44%)。

张弛有度的购物意识提升

即使花大价钱也要买好的商品/服务

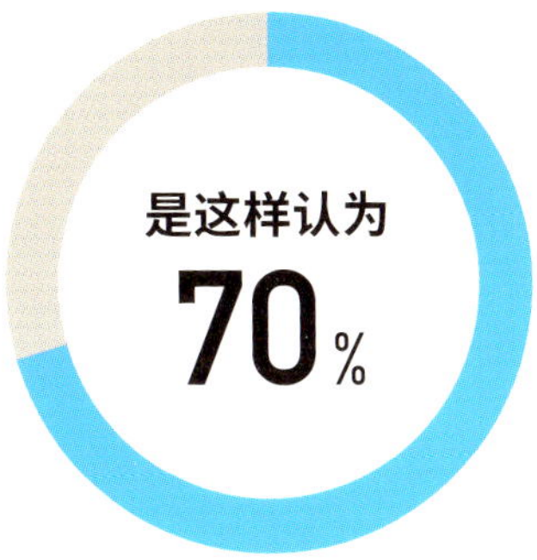

节约意识提升

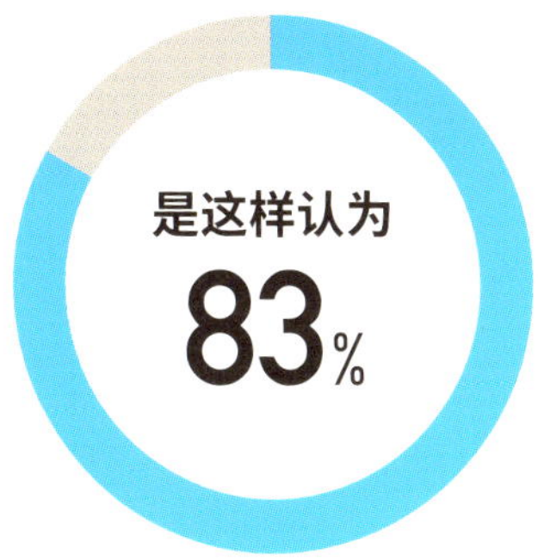

资料来源：博报堂生活综研(上海) 《消费晴雨表调查》2020年11月

想要慎重购物的意识提升

会花费更多的时间
去认真选购

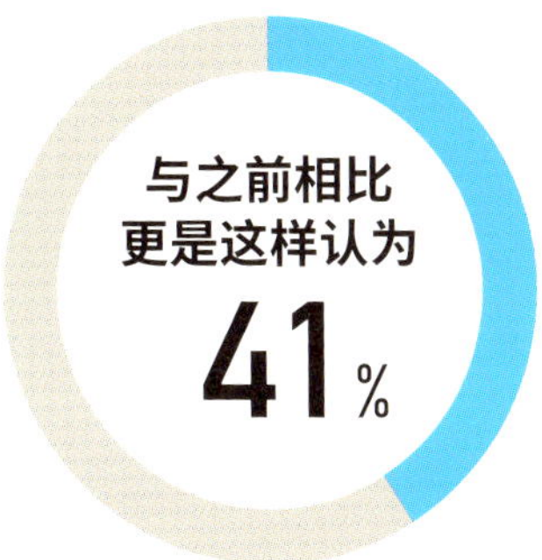

为了获得更高的性价比，
即便耗时耗力也不会嫌麻烦

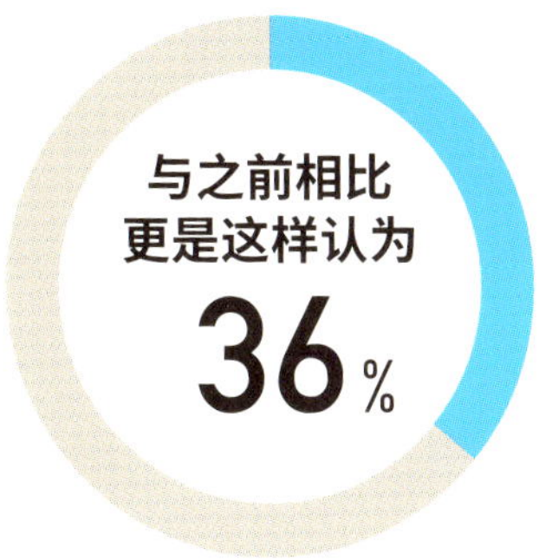

为了选择好的商品/服务，
不会嫌麻烦

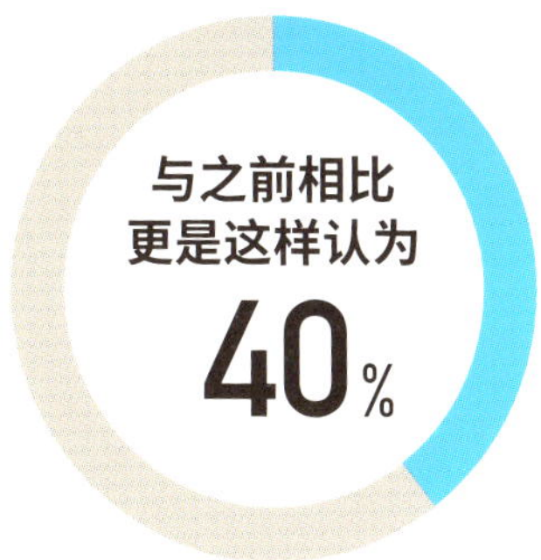

资料来源：博报堂生活综研(上海) 《购物生活调查2020》2020年11月

对“高速化”购物及煽动性促销产生戒备心

购物的速度越来越快了

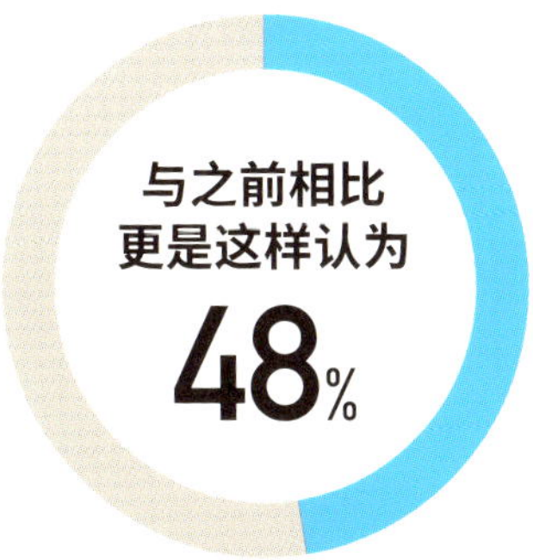

在广告和折扣的影响下，
开始注意不要冲动消费

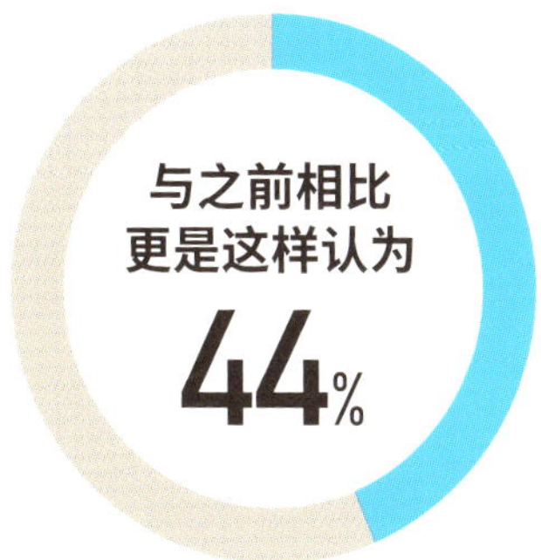

资料来源：博报堂生活综研(上海) 《消费晴雨表调查》2020年11月

生活者“张弛有度”的消费倾向

生活者的“张弛有度”具体是怎样体现的呢?我们针对其消费的具体商品类别进行了深度的分析。

在“想要花费更多金额”的商品种类中,“生鲜食品”“医疗/保健品”“育儿/婴儿用品”等生活必需品的排位最前。除此之外,在“化妆品/护肤品/香水(仅限女性)”“时尚用品”“美容/健身服务”“手表/珠宝”等非必需品的商品类别上,生活者也表示愿意买单。由此看来,中国生活者对美和时尚的重视度依旧不减。

相反,“娱乐”“旅行”“手表/珠宝首饰”“日用小商品/玩具”成为大家“想要节约”的商品类别。这些多为日常生活中必需程度较低的商品类别。生活者希望尽可能地优先考虑日常生活中的必需品,在有富余的情况下,再去考虑奢侈品的购买。

这样一来,生活者对其生活必需品的认识的改变,也同时改变了他们的消费方式,由此形成了在消费中的“张”和“弛”的独特见地。

想要花费更多金额的商品类别

资料来源：博报堂生活综研(上海) 《购物生活调查2020》2020年11月

想要节约的商品类别

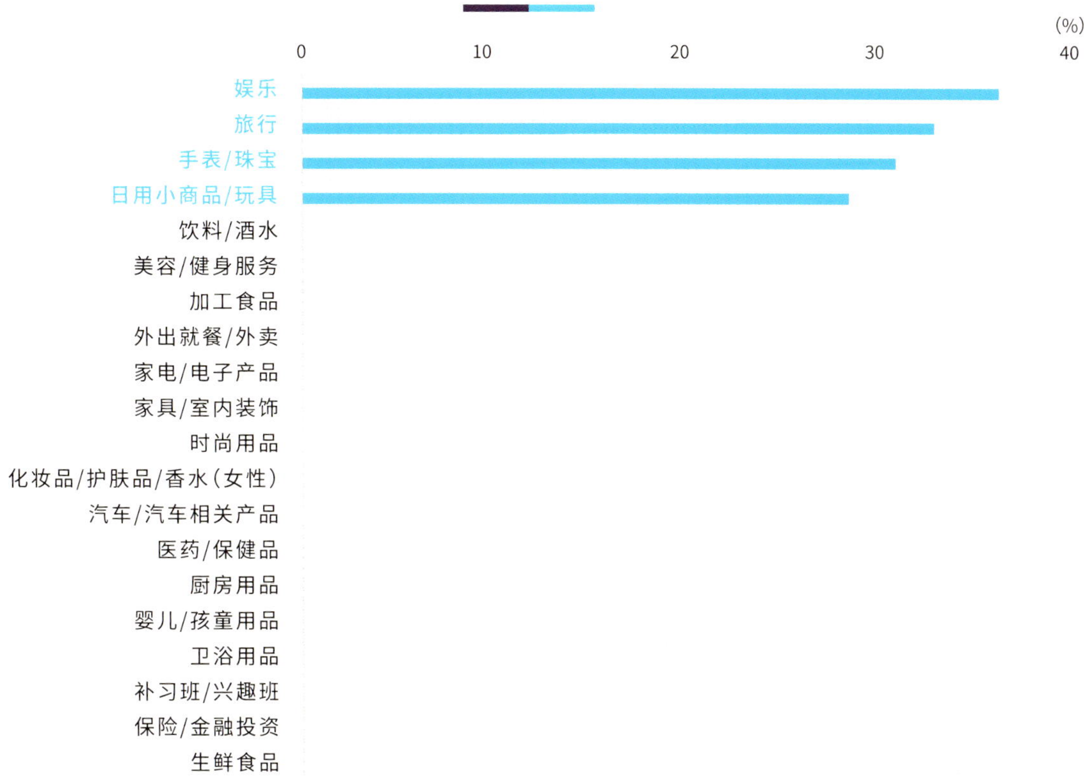

资料来源：博报堂生活综研(上海) 《购物生活调查2020》2020年11月

“更上一层楼”的消费意识

接下来通过社交媒体数据来分析生活者消费意识的变化。在社交媒体数据分析领域享有盛誉的Datastory(数说故事)公司的协助下,我们通过生活者的社交媒体数据来分析他们消费意识的变化。

右上的“2020年与2019年的社交媒体平台各商品类别声量比较”图表反映了各商品类别在2019年与2020年的话题量及话题量变化趋势。从话题量来看,“娱乐”的话题量位居第一,但其2019年到2020年间的话题量变化并不显著。话题量增幅较大的商品类别为“汽车”“手表/珠宝首饰”“化妆品/护肤品”等非生活必需品的商品种类,以及“饮料/酒水”“加工食品”等生活必需品。

在这些话题量增幅显著的商品类别中,我们选取了“化妆品”“护肤品”“汽车”三个品类,并将每个品类中排名靠前的品牌按照品牌价格级别进行划分。从中我们发现,高端品牌的话题量更高,且中高端品牌的话题量增幅高于大众品牌。

社交媒体大数据分析出的话题量的变化结果,凸显了生活者愿意多花一点钱来寻找更好的产品的趋势。

2020年与2019年的社交媒体平台各商品类别声量比较

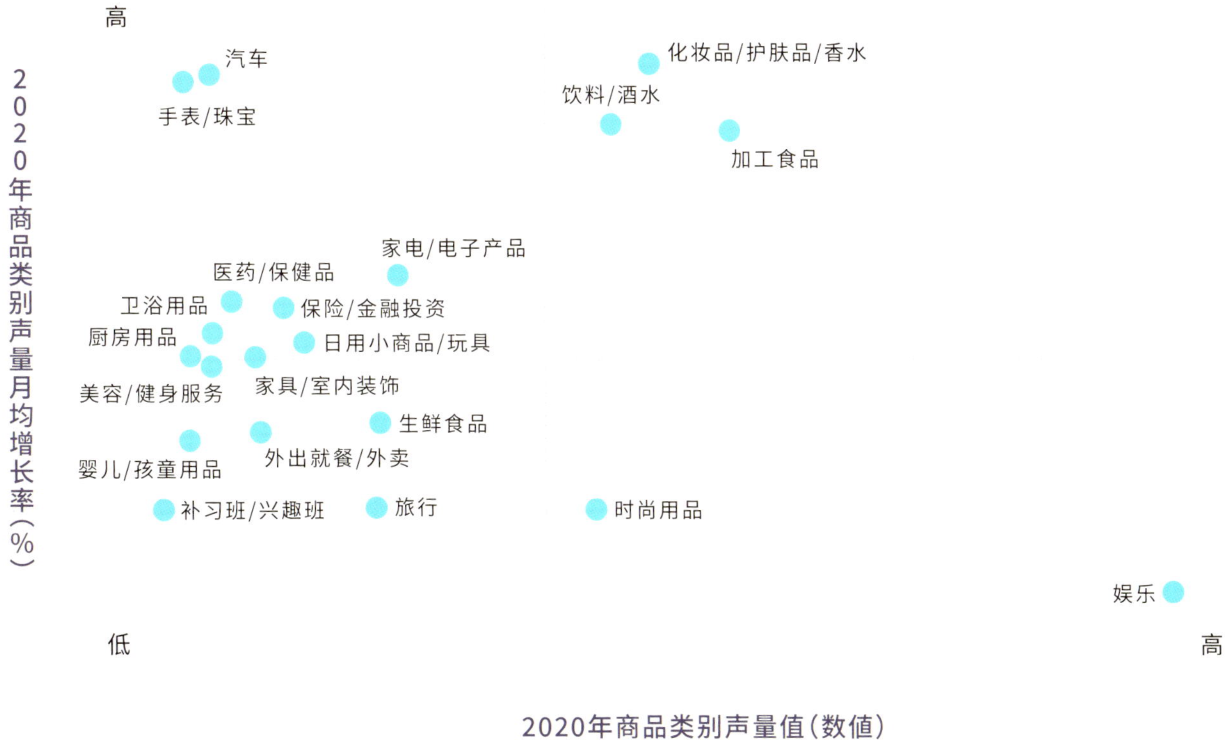

资料来源：数说故事 社交媒体数据分析(2019年-2020年10月)

2020年与2019年的社交媒体平台TOP20品牌声量增长率比较

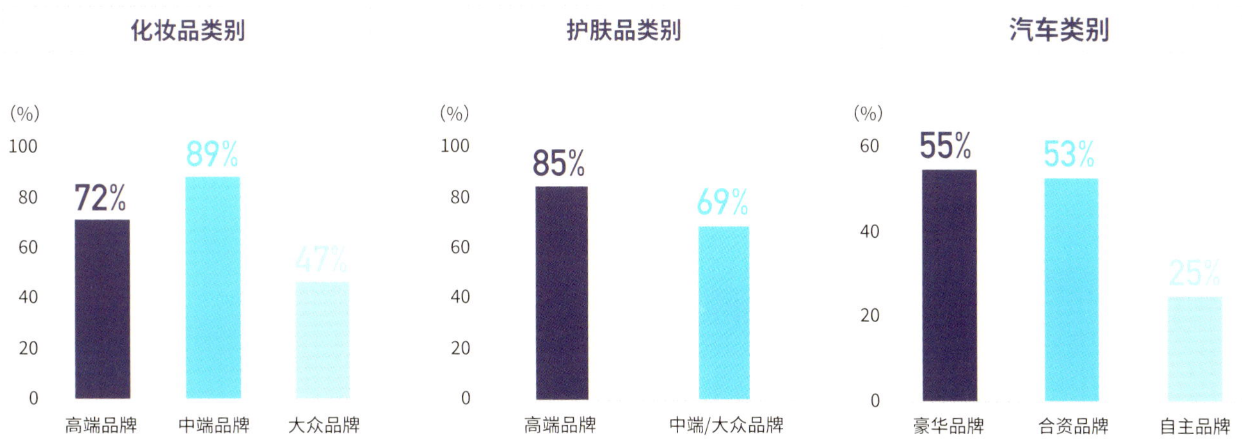

资料来源：数说故事 社交媒体数据分析(2019年-2020年10月)

生活者的变化②

灵活可变的“自由购物尺度”

上文提到，生活者在追求更好的产品及服务的同时，也非常关注省钱，其消费行为变得更加灵活、张弛有度。

在关于购物方式变化的采访中，有受访者表示“购买便宜的产品时我会货比三家。购买昂贵的产品时，我反而不会花太多时间去比较就买了”。我们可以看出即使是同一位生活者，购物的“时间尺度”是会变化、波动的。另外一位受访者也提到“买高档吹风机时，如果把价格换算成每次使用的金额来衡量的话，反而觉得更实惠”。可见“性价比的尺度”在同一个人中也会产生变化。还有一位受访者说到“我不想把钱花在不必要的东西上，但特别喜欢车，所以即使超出预算，我也会买一辆自己喜欢的车”。同一个人根据商品种类的不同，“花钱方式的尺度”也会产生变化。生活者的消费行为正在从“单一的购物尺度”向灵活可变的“自由购物尺度”转变。

生活者

消费心理动向②

持有“自由购物尺度”的生活者

购物时，比起“周围人会怎么看”，更关注“是否适合自己”

自由切换购物尺度并明确符合自己的购买需求

购物中变化的“时间的尺度”

我购买**便宜的商品前会货比三家**，因为想通过日常点滴来省钱。但**购买比较贵的商品**时，因为关注的是品质和品牌，反而**不会去花太多时间考虑**。

（30多岁女性，上海）

资料来源：博报堂生活综研(上海) 《购物生活调查(深度访谈)》2020年10月

购物中变化的“性价比的尺度”

在购买某高端品牌吹风机的时候，乍一看觉得很贵，想到每次使用时都会有很强的满足感，所以**按照每次使用时的金额来判断**的话，反而觉得更实惠。

（40多岁女性，大连）

资料来源：博报堂生活综研(上海) 《购物生活调查(深度访谈)》2020年10月

购物中变化的“花钱方式的尺度”

今年，**因为新冠疫情我更加注重省钱了**。我已经不想把钱花在像衣服这种不是非常必要的东西上了。但我喜欢车，即使超出自己的预算，**还是想买一辆自己喜欢的车**。

（30多岁男性，重庆）

资料来源：博报堂生活综研(上海) 《购物生活调查(深度访谈)》2020年10月

享受适合自己的自由尺度的购物
新的购物意识及行为孕育而生

▼

以“自由尺度”享受购物乐趣并重新审视生活意义的生活者

Duo　Wu

度物

本章节我们分析并总结了生活者消费意识和行为的变化。疫情稳定后，生活者更加关注自我价值，从“合适自己”的角度来重估自己的生活方式。重新审视生活方式，引发了对购物生活的思考。生活者试图通过购物来创造自己的生活目标，为了充实生活而购买的“购物热忱”不断加深、升华。怀揣“购物热忱”的同时，生活者开始运用灵活可变的“自由购物尺度”进行购物。由于同一位生活者中存在着多种购物时的判断标准，这也使得中国生活者的购物行为变得越来越复杂、多样。

为能诠释“享受适合自己的自由尺度的购物”这一复杂的购物行为，我们以“尺度”和“购物”作为关键词，提出了2020年的生活者欲求变化——“度(duo)物(wu)”。

我们引用汉语中的“度”字所包含的两层意思，一是尺度，二是衡量，用“度”的这两层意思来阐述生活者的购物标准。同时再结合购物的“物”字，组合成“度(duo)物(wu)”，来诠释我们上述的新购物行为。

我们用“度(duo)物(wu)”这个关键词，来表达不断趋于复杂化的新购物变化。即使在同一位生活者的内心，购物的尺度也是自由可变、有张有弛的。人们从自身诉求出发，去衡量和判断真正适合自己的商品。

传统“购物”和“度(duo)物(wu)”的内涵区别

被称为“度(duo)物(wu)”的新购物意识和行为，与传统的购物概念有何不同？

迄今为止的购物行为主要受来自年龄（如：老年人和年轻人）、居住区域（如：不同的城市级别）、经济条件（如：不同的收入状况）等外在客观因素的影响。

然而，“度(duo)物(wu)”这种新购物行为则是根据每个生活者内在的主观因素而变化的。换句话说，企业和品牌方不能仅仅关注以往的客观外在因素，还需要关注生活者因环境和购物场景而变化的内在因素对购物决策产生的影响。

至今为止生活者的“购物”

年轻人	大城市生活者	普通人群
老年人	小城市生活者	富裕人群

“度物”生活者的“购物”

高价格的商品 可能会立刻下单	高品质商品 愿意支付溢价	通过大量囤货 感受到的实惠
低价格的商品 可能会考虑很久	经常购买的商品 追求高性价比	通过单次使用价值 感受到的实惠

从“十人十色”向“一人十色”转变的消费生活

王云鹏
省广纳思博报堂 副总经理

我出生于东北的一个滨海小城，因工作原因与长沙结了缘，在长沙已经生活了整整六年。2020年受疫情影响，长沙也经历过封城和经济萧条，但也迅速实现了华丽的满血复活。2020年长沙成功破圈，成为大家纷至沓来的网红城市，好多长沙朋友毫不掩饰地流露出满满的自豪。

消费热情依旧且消费标准变化了的长沙市民

疫情稳定后，长沙市民的消费热情依旧，同时消费的尺度标准也在明显发生变化。热爱消费、舍得花钱的同时，也多了一份精打细算。公司里20多岁的同事，有时候为了节省几元钱，半夜会花上很长时间去看直播、逛网店，在各大电商平台进行价格比较。然而，为了买一个自己喜欢的音响，宁可多花几百元，眼都不眨。同一个人身上出现多种消费人格，让消费行为从一人一个样，变为一人多个样。

注重体验价值的动向

在长沙，还可感受到的一个明显趋势是，线下消费体验升级越来越被重视。不仅仅是吃好喝好买好，大家更渴望感受其中的故事与乐趣。这种满足不仅靠价格来衡量，即使有些小贵也值得。火遍网络的某中国风的网红奶茶店无疑是其中典型，从店内设计到产品包装，随处蕴含着不同的历史典故、风景名胜、古风美女，更有游园会升级茶文化体验，一杯奶茶让人感受到满满的文化底蕴和生活中的小确幸。

“新奇特”的重要性

同时，“新奇特”也带来全新的价值感。2020年5月末某日本便利店品牌在长沙开了第一家分店，首日销售额超过50万元，打破了便利店行业全球单店单日销售记录。日式饭团、关东煮等日式小食的新鲜感备受好评。

疫情稳定后，网络直播等的兴起让购物更加便捷实惠，另一方面，重视购物乐趣的长沙市民也更愿意为“文化价值”和“新奇特”体验买单，在今后购物体验不断多元化的情况下，相信这种消费尺度的变化将越来越明显。

4

市场营销视点

疫情稳定后，面对持有高涨的“购物热忱”、且消费欲求不断趋于复杂化的“度物”生活者，企业和品牌方未来的市场营销方向将何去何从？

市场营销
因“度物”生活者而迭代更新

随着中国数字化持续高速发展，生活者享受着极其便捷的购物环境。其中，电商平台更是每时每刻为人们的购物生活提供着AI(人工智能)算法的推荐模式及琳琅满目的打折优惠活动等。这些便捷且多样的购物方式极强地刺激了生活者的购物热情。许多生活者在外部购物环境的刺激下，情不自禁地加入到购物狂欢的大军中。

为紧跟中国市场瞬息万变的步伐，为快速达成业绩、脱颖而出，企业和品牌方开始逐渐将电商平台作为主战场，不断地开展优惠促销活动，提高品牌的曝光度，来应对电商平台激烈的竞争环境。而这一现象导致企业和品牌方成为了“优先于电商平台、而非以生活者视角进行市场营销”的存在。

然而，正如上一章中我们提到，享受源于自我的自由尺度来进行购物的“度物”生活者不断涌现。企业和品牌方很难再用以往的固定标准或单一的几种数据来把握生活者的购物意识及行为，未来需要的是对变化莫测的生活者进行更加完整、全面、生动的解读。

理解及捕捉在高速发展的购物环境中的中国“度物”生活者，不仅旨在为在中国开展市场营销的企业和品牌方提供思路。我们也期待这些构思可以活用到像中国市场一样不断变化的其他国家的市场营销工作中，为市场营销的革新提供新方向。我们将在这一章节同大家分享基于“度物”生活者的营销视点。

Duo Wu

度物

“高速化”购物环境中生活者所面临的课题

生活者在如今的消费市场中面临怎样的课题呢?随着数字化的加速发展和渗透，企业和品牌方为人们的购物生活带来了极强的便捷性，各类大型促销活动等也为生活者不间断地提供了“实惠感”的刺激，促使人们的购物周期和流程不断趋于“高速化”。“高速化”的购物确实带来了便捷，但久而久之，我们在上一章节中提到的、对生活者来说非常重要的“购物乐趣”却暗藏着递减的危机。

一位50多岁的女士在访谈时提到：“最近经常冲动购物，现在家里还堆着很多没有开箱的快递和没有用的商品。”如此，由于“高速化”的购物，导致生活者购买了许多不必要的商品，形成“为买而买”的被购物支配的现象。

但同时，我们也听到“因过度购物导致产生疲态”的声音。一位40多岁的女士在访谈时说道：“我觉得最近购物时的乐趣减少了很多。因为想买的东西很容易就能得到，这种感觉反而让购物的乐趣变得麻木。”由此可以看出，某种程度上，便捷的购物方式及“高速化”的购物环境也会成为体验“购物乐趣”的阻碍。

这一现象很大程度是由目前国内的一些营销手法所导致的。企业和品牌方为了防止客户流失、期待快速达成业绩，加剧了速度竞争和价格竞争。尽管为生活者提供了实惠感和便捷性，却助长了快餐式消费体验和冲动购买行为，从而导致“购物乐趣”感知困难的现象。

“高速化”购物引发冲动购买

> **今年经常冲动购物，现在家里还堆着很多没有开箱的快递。**一到晚上就特别有购物的冲动，阅览购物信息时就感觉自己被治愈了，下单后睡得也特别踏实。
>
> （50多岁女性，杭州）

资料来源：博报堂生活综研（上海）《购物生活调查（深度访谈）》2020年10月

“购物乐趣”的感知受到影响的生活者

> 购物很有趣，还可以消除压力。但是我觉得**最近购物的乐趣在减少。**因为想买的东西很容易就能得到，这种**买到心仪商品的乐趣逐渐减少了。**
>
> （40多岁女性，北京）

资料来源：博报堂生活综研（上海）《购物生活调查（深度访谈）》2020年10月

购物过程中的课题原因

极强的“便捷性”、不间断的“实惠感”趋于“高速化”的购物

品牌方 想快速达成业绩 不想让顾客流失	▶	效率优先所带来的 速度竞争和价格竞争	▶	虽感受到实惠和便利 但由于冲动购物增加 购物的乐趣在降低

▼

“度物”生活者越来越难以感受到“购物乐趣”

重塑品牌信赖的必要性

面对购物周期不断地加速，且生活者购物时的乐趣在不断减少的现状，企业和品牌方该如何解决当前的课题呢?

对于这种过度地提供实惠感和便利性的“以促销为核心”的市场营销手法，在访谈中一位40多岁的男士提到：“一些品牌在预售期间调整折扣价格，或者提供复杂的满减规则，感觉就好像在考验我的智商，反而我就不想买这个商品了。”一些生活者已经开始对此类营销方式感到厌倦和抵触，甚至认为商家的营销方式非常狡猾。

此外，有位50多岁的女士在访谈中提到：“在直播中被主播推荐了某款99元的护发用品，由于主播一直强调非常划算，最后我没忍住就下单了。但实际的使用体验非常糟糕，不会再买第二次了。”虽然此番煽动式购物可能在短时间内带来营业额的提升，但长远来看，可能导致品牌信用流失。

在2020年的生活者访谈中我们发现，企业和品牌方时常把顾客的诉求考虑得过于简单。如今，生活者不再只因打折促销就去购买及信任一个企业或品牌。有时候甚至会“弄巧成拙”，即便通过各类打折服务让生活者迅速购买了自己的产品，反而会导致信赖关系的瓦解。一味强调实惠性、鼓吹快速下单的情况持续下去，企业将很难获取客户的信赖。

对"以促销为核心"的营销手法产生抵触心理

在预售期间调整折扣价格，或者**提供复杂的满减规则，感觉就好像在考验我的智商**，反而对这个产品的信赖感降低，不想买这个商品了。

（40多岁男性，安阳）

资料来源：博报堂生活综研(上海)　《购物生活调查(深度访谈)》2020年10月

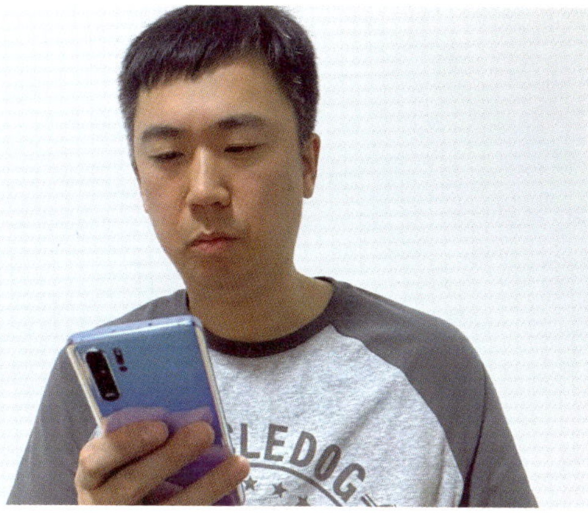

一味强调实惠感也难获芳心

直播中被种草了某款99元的护发用品，主播**一直强调产品划算**，还会**制造出抢购的氛围**，被煽动后马上就下单了。但**实际使用起来真的不好用，再也不会买了**。

（50多岁女性，上海）

资料来源：博报堂生活综研(上海)　《购物生活调查(深度访谈)》2020年10月

未来购物体验的关键点

实惠、便利　　信赖关系

↓

与中国升级了的购物环境相符的方式
在购物体验中重塑信赖关系成为重要课题

为重塑信赖关系
需应对的购物环境变化①

面对目前变化莫测的新购物环境和“度物”生活者购物意识及行为变化，企业和品牌方需要思考能够应对升级和变化了的购物环境的营销对策。今后企业和品牌方的主要课题不仅仅是提供“实惠感和便捷性”，更需要探索如何重塑与生活者之间的信赖关系和情感纽带。接下来将介绍中国购物环境变化的现状，以及与其对应的构筑信赖关系的方式。

我们来看第一个购物环境的升级——面对“购物情景的升级”，如何与“度物”生活者建立信赖关系。

中国的“购物情景”升级的要点为：对于生活者来说，不论是购物的场所还是购物的时段，不再单纯地分为Online或Offline，而是已经逐渐拓展到生活中的方方面面。就像我们把线上购物称作“Online Shopping”一样，我们将“拓展到整个生活的购物方式”称作“On Life Shopping”，翻译成中文为“生活即购物”。

由于购买方式、购买渠道等变得多样化，享受自由尺度购物的“度物”生活者们，不论是在购买前的考虑阶段，还是在购买渠道的选择阶段，都开始基于自身灵活可变的尺度进行自由选择和切换。这也是今后市场营销中需要关注的一个重要变化。

购物情景的升级

On Life Shopping / 生活即购物

对于“度物”生活者来说

“购物场景、购物时间”拓展到整个生活和购物过程中

On Life Shopping

何谓“On Life Shopping”①

接下来，通过几个事例来具体说明一下何谓“On Life Shopping”

向居民区拓展的“购买与存取一体化”的无人便利店

位于居民区内，便于购买和收取商品

不但可以在线上下单，也可以在线下下单

第一个事例为“居民区的无人便利店”。这种新模式的无人便利店，就好像在居民区里的巨大的自动贩卖机。不但可以通过线上小程序和无人便利店的触摸屏幕下单购买，还有着存取、配送站点的新功能。生活者可以在其日常生活圈内，轻松体验到跨越数字与现实界限的购物。期待类似这种OMO(Online Merges With Offline)的小型店模式会有更大的发展空间。

不少生活者倾向于通过作为“代购”买手的生活者来购买商品

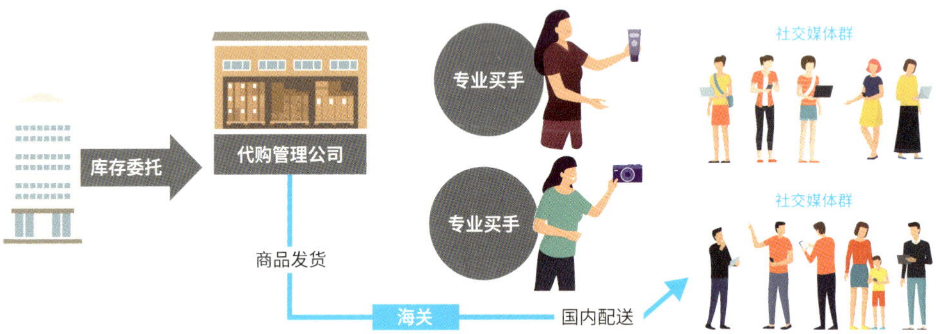

第二个事例是关于从国外或有一定距离的其他城市中代理购买的商品“代购”的案例。代购公司集结的生活者成为有组织的“专业买手”，其他生活者基于对这些买手的信任而进行购买行为。作为“专业买手”的生活者也逐渐发挥了“卖场”的作用。买手与终端用户之间形成的亲密社交关系式的购物方式，将购物行为渗透到人们的日常生活中，也成为了“On Life Shopping”的一种形态。

具备电商购物功能的家电

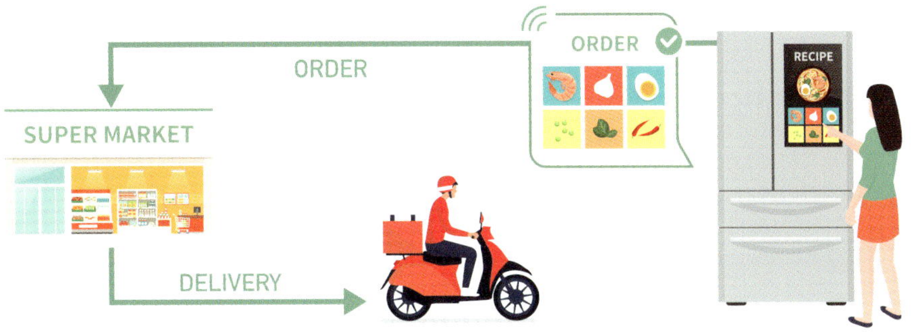

第三个事例为具备购物功能的家用电器。近年来，越来越多的家电开始具备了物联网功能。比如，可以通过冰箱上的触摸屏幕来购买食材，可以在操控洗衣机的小程序里下单洗涤剂等。这类物联网家电的出现进一步引发了购物流程和场景的升级，“边用边买”的购物方式逐渐开始普及。

通过车载系统提醒生活者进行保养预约和汽车相关产品的消费

第四个事例为具备车载智能系统的私家车。具备车载智能系统的私家车通过专用小程序和车载面板促进经销商与用户之间的交流，逐渐改变了人们的“汽车生活”。此功能可了解车主的驾驶及使用状况，在恰当的时机向车主进行汽车维修、保养等提示。销售店和用户之间的链接也通过潜移默化的方式建立起来，并影响着生活者未来购车计划等消费行为。

何谓“On Life Shopping”②

通过调研数据也可以看出，购物已经渗透到生活中的方方面面。通过分析生活者的购物案例可以发现，购物不再拘泥于场景和时段。下表为生活者购物场景实况调查结果，可以看到购物时段分布于“早餐前”到“睡觉前”的每一时段。也可以说，生活者“时时刻刻都在购物”。

生活者购物场景实况

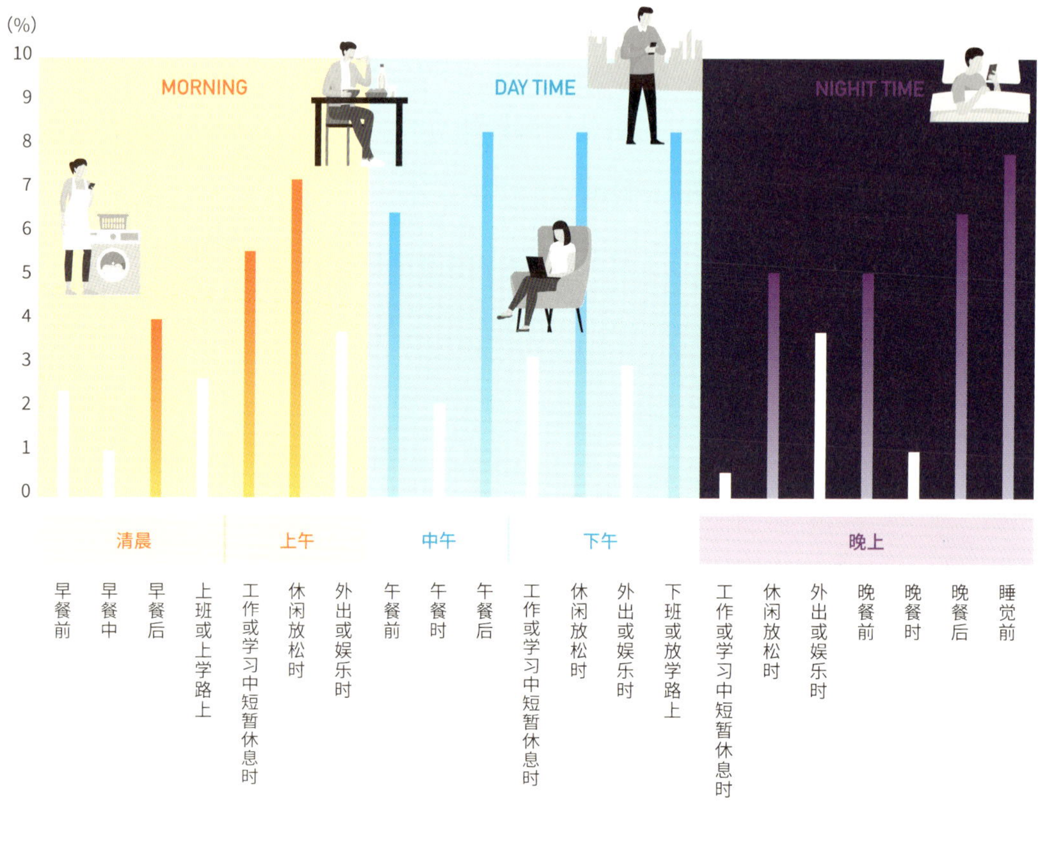

资料来源：博报堂生活综研(上海)　《购物生活日记调查》2020年10月

接下来看一些“On Life Shopping”生活者的实际案例。一位20多岁喜爱烹饪且经常看烹饪教学视频的男士在访谈中说道：“教学视频中经常会跳出来一些烹饪食材和器具的购买链接。看这些教程的时候，不仅能了解食谱配方，还能了解商品信息，非常便利。”以往我们烹饪的时候，家里有什么食材，就烹饪什么料理，现在可以在看烹饪视频的同时就购买需要的食材。想做的料理不再被食材所限，“做饭”这一日常生活场景也与购物相融合，可谓是“On Life Shopping”。

做饭时经常看烹饪教学视频，**视频中会出现食材和器具的购买链接**。通过教学视频可以了解食谱和商品信息，**直接点击链接进行下单感觉很方便**。

（20多岁男性，北京）

资料来源：博报堂生活综研（上海）《购物生活调查（深度访谈）》2020年10月

另一位40多岁的女士有一款智能音箱，可以通过语音指示控制其他设备。她在访谈中提到：“我经常会使用智能音箱进行购物。之前在电视上偶然看到感觉不错的燕麦片广告，产生兴趣后就通过智能音箱下单了。”在日常生活中做其他事情的同时，也可以迅速下单、感受购物乐趣。

经常会使用智能音箱来购物。比如**看电视时偶然发现感觉不错的商品广告**，会直接下达语音指令，**通过智能音箱下单**。

（40多岁女性，大连）

资料来源：博报堂生活综研（上海）《购物生活调查（深度访谈）》2020年10月

CASE

通过“生活即购物”在日常生活中建立信赖关系

接下来，想通过企业和品牌方的“生活即购物”事例，来介绍在日常生活中与生活者构筑信赖关系的方法。

首先介绍将中国文化与时尚潮流完美融合的某人气“国潮”化妆品品牌的事例。该化妆品品牌致力于与用户建立信赖关系、鼓励用户在线下门店和线上小程序上与该品牌的原创IP加好友互动。原创IP并不只是单一地推送商品、折扣等信息，还会与用户进行交流。内容涵盖日常生活、美食打卡、美妆知识等，打造出像生活中的好朋友一样的存在感。此外，该品牌还会举办线下用户交流会，让用户参与到新产品开发中来，以亲近且自然的社交圈来让生活者充分感受购物带来的乐趣，潜移默化地构筑了信赖关系。

第二个事例来自一个面向中国儿童的杂货品牌。该品牌通过用户私人社交圈的灵活运营，达到了在没有进行促销活动的情况下仍使得产品畅销的目的。该品牌的产品开发与售卖模式均从家长的视角出发，除了作为主要销售渠道的微信公众号之外，该品牌还另外搭建了一个小程序。通过小程序，用户们可以看到正处于研发中的产品，并对这些产品进行留言和投票。该品牌充分利用了宝妈们的真实口碑来扩大品牌的影响力和可信度。通过这种策略，成功打造出许多独特且吸引人的商品，获取了宝妈们的芳心。

与生活者在“购物场所”建立亲密的信赖关系

化妆品品牌事例

在线下门店与原创IP
加为好友

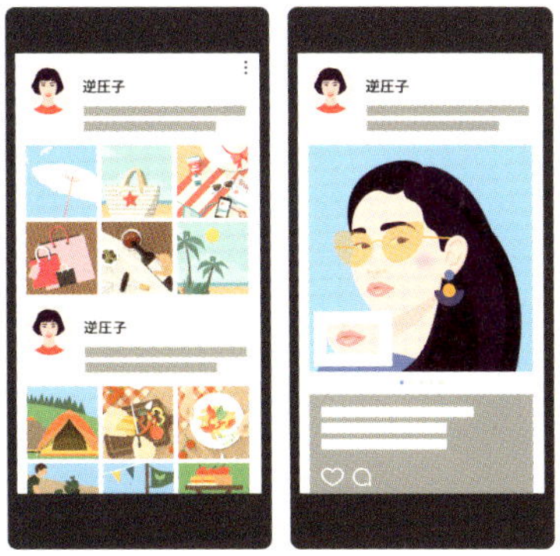

通过社交APP
建立朋友般的沟通关系

线下用户交流会
一起开发新商品

结合“生活者的真实口碑”，在无促销的情况下做好营销

儿童杂货品牌事例

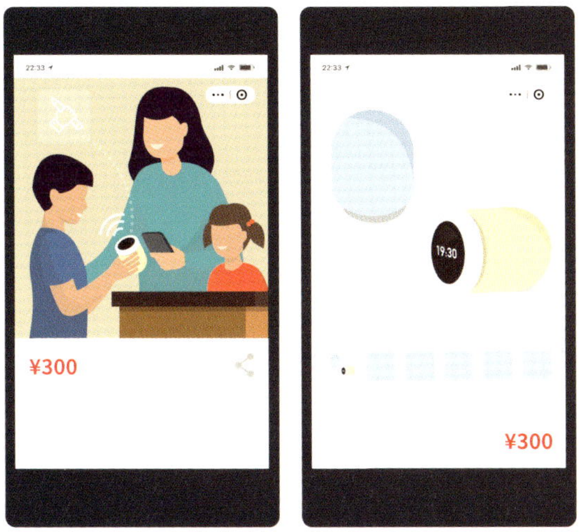

不设置线下门店，商品开发、商品测试、
销售、顾客维系全部在线上开展

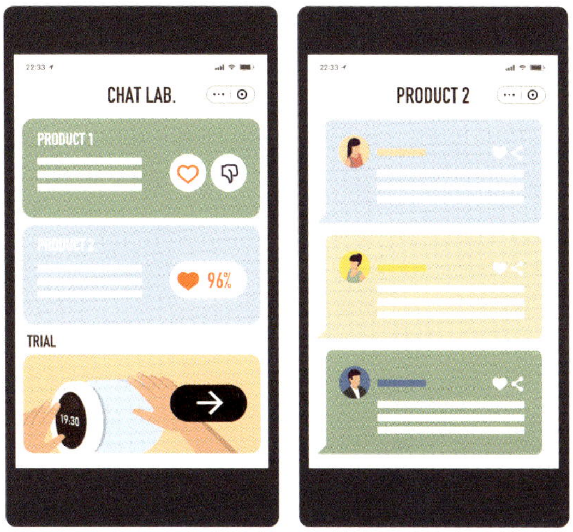

在小程序中，用户可对研发中的产品
进行评论或分享至宝妈群社交圈

为重塑信赖关系需应对的购物环境变化②

接下来，我们来看第二个购物环境的升级——面对“购物信息来源的升级”，如何与“度物”生活者建立信赖关系。

“购物信息来源”的主要变化在于，无论是电商APP、网站等线上卖场，还是线下实体卖场，对于生活者来说，卖场不再仅仅是他们进行购物的场所，同时也是他们收集和了解商品信息的“宣传场所”，即起到了“信息媒介”的作用。

受到销售人员服务态度等影响，国内线下门店的卖场力一直是一个亟待提升的课题。另一方面，随着电商平台在中国的发展与成熟，生活者在购买商品/服务时，往往不会选择线下卖场，线上购物逐渐成为主流。

以往的生活者，通常在社交媒介中进行商品购买前的信息收集。但对于通过自由的尺度来享受购物乐趣的“度物”生活者来说，其信息收集方式的观念也逐渐根据购物平台的变化而变得更加自由。这一变化，也成为了未来市场营销的关键所在。

卖场媒介一体化

“卖场”对于“度物”生活者来说
既是“购买场所”又是“信息媒介”

何谓“卖场媒介一体化”

近来，某电商平台将界面设计从以往以产品图片、价格等为中心的设计，逐渐改变成类似于社交媒介的充满生活气息的照片和视频的界面。通过此事例可以看出，电商平台不仅仅是作为生活者购买商品的“卖场”，也是作为自然而然地了解商品信息的“媒介”。

电商平台的媒介化

“卖场”的角色变化不仅仅只发生在线上门店，线下实体店中，也存在着“卖场媒介化”转变。某眼镜品牌门店内的设计艺术感很强，且重视独有的品牌体验等价值传递；某时尚潮流品牌会使用数字化标牌，可以当场扫码、快速了解商品详细信息，甚至可以当场扫码下单，由此丰富了商品信息并提升了购物体验。

线下实体店也在发生从“卖场”到“媒介”的构思转变

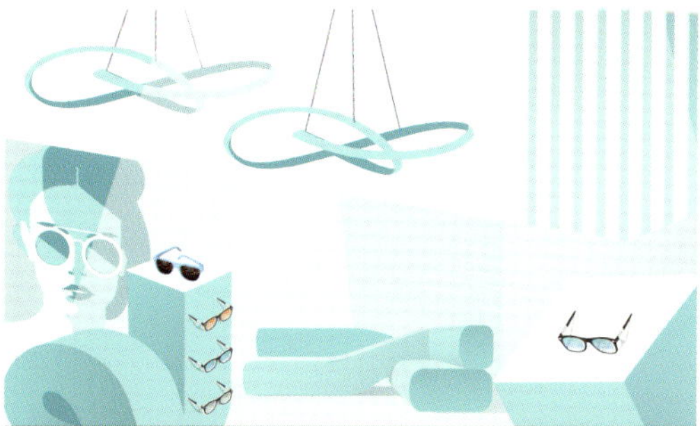

店内设计艺术感强、重视品牌体验

利用数字标牌更好地了解商品信息

卖场媒介一体化也同样表现在调研数据上。从影响生活者购买商品和服务的信息来源的数据来看，“品牌电商官方旗舰店”和“电商直播”等电商途径成为影响生活者购物的重要信息来源。

影响购买商品/服务的信息来源

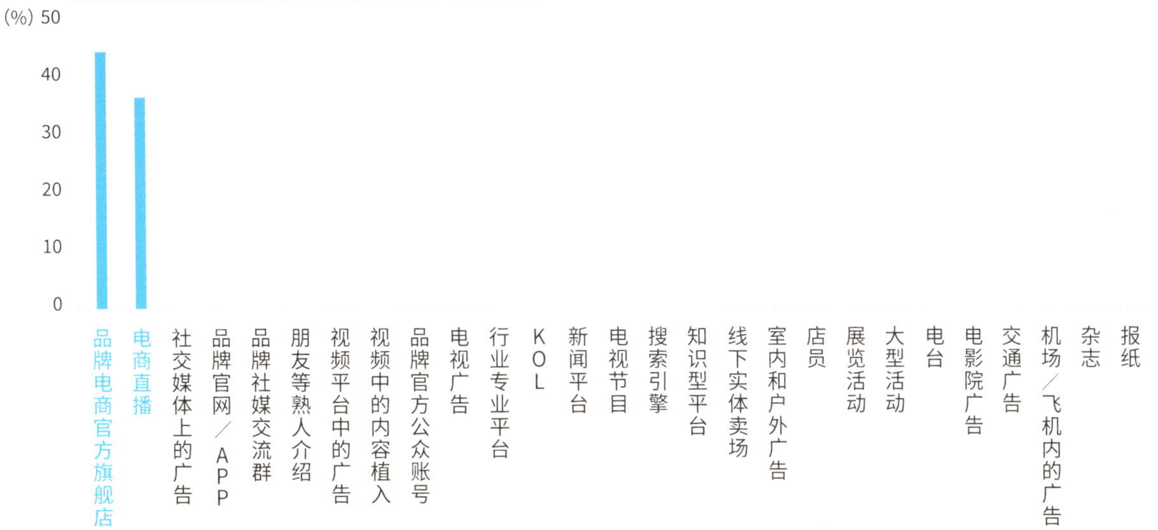

资料来源：博报堂生活综研(上海) 《购物生活调查2020》2020年11月

生活者访谈中，我们也能看到把“卖场”作为“媒介”来活用的生活者。有生活者提到，虽然使用APP下单订购，但是会亲自去实体店取货。且她认为：取货的同时可以看看其他商品及查询其他商品信息。生活者渴望在逛实体店的过程中，搜集更多的商品信息。

> 虽然在线上APP购买生鲜，但会亲自去线下实体店取货。**因为取货时，可以顺便看看其他商品**，这种商品信息收集的方式非常便捷。此外，**我主要在电商上查询商品信息。**
>
> (20多岁女性，广州)

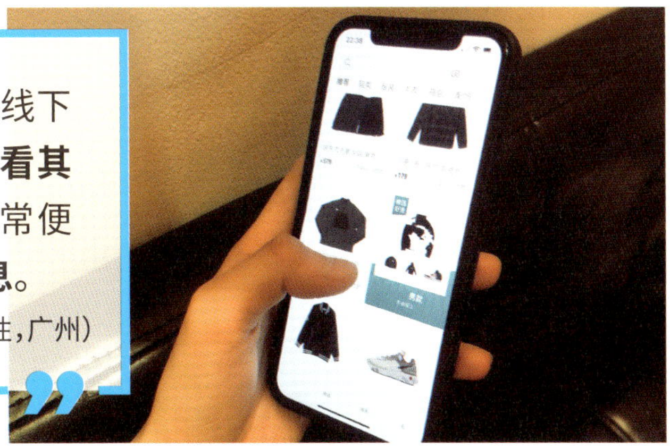

资料来源：博报堂生活综研(上海) 《购物生活调查(深度访谈)》2020年10月

“卖场”与“媒介”之间的隔阂被打破，“卖场”也成为了购物信息的重要来源。

CASE

通过"卖场媒介一体化"构筑信赖关系

接下来，想通过企业和品牌方"卖场媒介一体化"的事例，来介绍在日常生活中与生活者构筑信赖关系的方法。

首先是国内某牛奶品牌的事例，该品牌搭建了一个将牛奶供应链的信息全部公开的"透明化牧场"，并邀请用户去实际体验牧场，与生活者建立信赖关系。该品牌还在电商官方旗舰店内搭建了名为"云牧场"的小游戏，在小游戏中可以边经营牧场、养牛等，同时获取商品相关的优惠券，通过生活者实际参与来提升购物的乐趣。此外，该电商官方旗舰店的首页中，还进行了社交电商式的页面设计，生活者可在其线上卖场中看到许多其他用户的生活方式晒图评论。其官方旗舰店不仅仅是购买商品的场所，也成为获取生活者信赖感的信息媒介，打消了以往生活者对牛奶的不信赖感。

第二个是国内某营养品品牌的事例，该品牌考虑到每位用户饮食习惯和健康状态的不同，提供私人订制的营养品。为筛选出最适合用户的营养品成分，实施了长达5分钟以上的事前调查问卷，并提供营养品成分及详细的功能介绍，从而传达商品的价值。此事例的特点为通过线上卖场，来定制每位生活者的专属价值，由此获得顾客的信赖。

在电商的“购物场景”中建立与消费者的信任感

牛奶品牌事例

通过“透明化牧场”
提升品牌信用

在“云牧场”小游戏中养牛，
从中获得优惠

通过电商旗舰店的媒介化
UGC的比例大

通过“私人订制的价值感”构筑信赖关系

营养品品牌事例

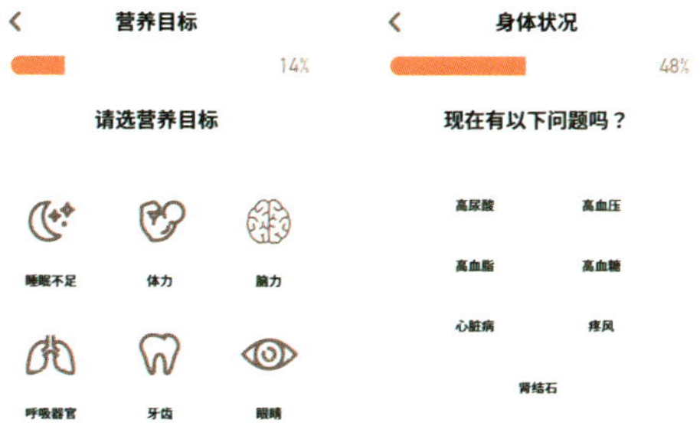

为甄别出最适合每位生活者的营养成分
下单前须填写生活状况相关问卷

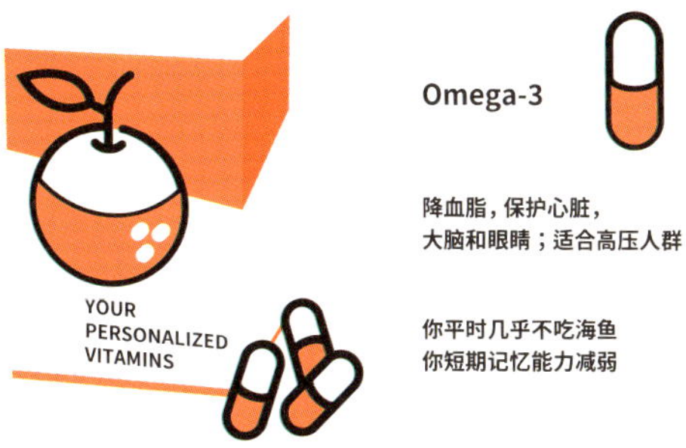

针对每位生活者专门订制产品
并进行详细介绍

为重塑信赖关系需应对的购物环境变化③

接下来，我们来看第三个购物环境的升级——面对“购物信息内容的升级”，如何与“度物”生活者建立信赖关系。“购物信息内容”升级的要点为：对“度物”生活者来说，相比以往用品牌理想的形象来包装的“附加价值”，他们更追求在实际生活中真实、有用的“现实生活实用价值”。

以往的品牌打造时，除了商品本身的价值外，企业和品牌方倾向于传递其附加价值、打造理想的产品概念，由此形成品牌溢价，实现“高附加价值的品牌打造”。然而，对于“度物”生活者来说，不再会轻易相信附加价值雕琢下的品牌形象。他们更追求在生活中实际有用的“现实生活实用价值”和具有“亲切感、真实感、实用性”的内容概念。

这种变化产生的背景是什么呢？随着电商的普及，电商直播的影响力也进一步扩大。生活者的许多购物信息都是通过电商平台来获取，因此电商平台成为大家接受信息内容的一个主要渠道。而电商及直播中具备“真实感”的信息内容逐渐成为左右生活者购买行为的重要信息源。

现实生活实用价值

“度物”生活者，比起品牌的“附加价值”
更追求品牌的“现实生活实用价值”

传统的品牌打造方式

附加价值
（理想化的）

商品价值

未来的品牌打造方式

商品价值
“生活实用价值”
（真实的、实用的）

追求“现实生活实用价值”的生活者

下面我们来看一下生活者追求“现实生活实用价值”的具体事例。

> 我喜欢看商品试用测评的直播，通过直播能够直接看到效果。此外，我也**喜欢看来自普通人的、有生活感的内容**，感觉里面的内容是“**真人真事**”。
>
> （30多岁女性，上海）

资料来源：博报堂生活综研(上海)　《购物生活调查(深度访谈)》2020年10月

某30多岁的女士说自己经常看电商直播来购物，尤其喜欢商品试用测评直播。并且，她想看的并不是明星或KOL，而是更喜欢看普通人的、具备“真实感”的内容。

> 会看乡村特产的直播购物。当看到乡村秀丽的风景，会感受到一种淳朴的魅力。我**对KOL并不是很感兴趣，对描述真实生活的内容有共鸣**。
>
> （50多岁女性，广州）

资料来源：博报堂生活综研(上海)　《购物生活调查(深度访谈)》2020年10月

另一位50多岁的女士喜欢看某乡村特产的电商直播。这个直播并不是以卖特产为主，而是以特产的产地为介绍对象，例如吉林美丽的乡村风景等。她说：“比起明星或KOL带来的华丽内容，描述真实生活的内容才更有共鸣。”

虽然经常看直播，但不会去购买。因为想避免在直播间里冲动消费的行为。**不喜欢直播时那种强势推销的氛围，想要为理性消费做心理建设。**

（20多岁男性，广州）

资料来源：博报堂生活综研（上海）　《购物生活调查（深度访谈）》2020年10月

某20多岁的男士说："虽然经常看电商直播，但不会在直播中下单。"其理由是想避免直播引起的冲动购买行为，为了防止自己被煽动，会提前做好"心理建设"。

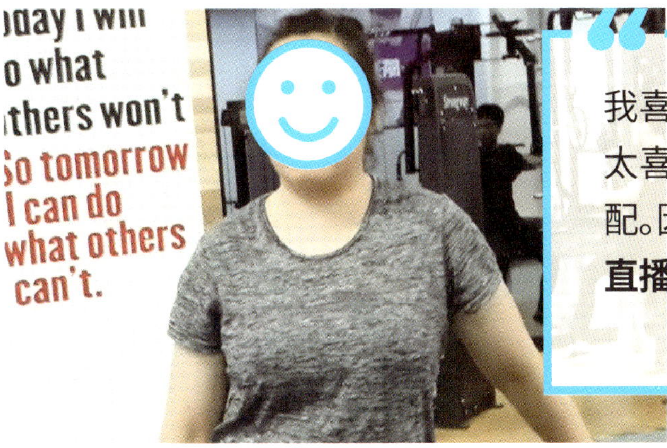

我喜欢看普通身材和长相的模特直播。我不太喜欢过于时尚的内容，因为和我自身不匹配。因为自己比较胖，所以**看微胖的普通人的直播更能激发我的购物欲。**

（50多岁女性，杭州）

资料来源：博报堂生活综研（上海）　《购物生活调查（深度访谈）》2020年10月

某50多岁的女士说，她喜欢普通身材和长相的模特做的电商直播，且不喜欢过于时尚的内容。"我比较胖，所以看到微胖的普通人的直播才会产生想买的欲望。"因此，企业和品牌方在内容传递时，需要关注到其内容的传递方式是否真的适合目标用户。

CASE

通过“现实生活实用价值”构筑信赖关系

接下来，通过企业和品牌方“现实生活实用价值”的具体事例，来介绍在日常生活中与生活者构筑信赖关系的方法。

首先是中国某内衣品牌的事例。该品牌通过独特的品牌打造方式与其他品牌形成差异化。与一般的内衣品牌选用年轻、身材好、颜值高的模特不同，该品牌赞美女性真实姿态，采用了一些身材、年龄各异的大众体型女性素人模特，并将品牌的世界观在线下实体店中进行展示，收获了众多女性的共鸣与信赖。

第二个是某服装品牌的事例。该品牌提出了重视透明度的理念，其概念的提出来源于品牌创始人自身的生活。创始人认为，自己平时尽管购买了高价格的产品，但是由于无法知晓其高价格背后的原因，无法判断生产背景，所以无法感知产品价值。于是，在打造自己的品牌时，采用了“从制造到供应链”的信息全部公开的方式。不管这样的信息公开对品牌造成的影响是好还是坏，都坚持将自己的品牌打造为100%信息透明化的服装品牌。即便是在线上旗舰店中，生活者也可以清晰了解到工厂的详细信息及每件服装的成本构成。对于生活者来说，传递了真实价值也提升了品牌信赖度。

通过与“实际使用人群的共鸣”来建立品牌的信任度

内衣品牌事例

尊重女性本来的美，
为不同风格人群提供适合自身的内衣

实体店也以统一概念
进行门店设计及布置

通过与“品牌价值透明化”来建立信赖关系

服装品牌事例

在电商页面中可详细了解
其全球工厂的状况

每件商品都公开材料费、
人力费、税费、配送费等信息

“度物”生活者的市场营销视点整理

生活者的变化

疫情后，从自我视角重新审视生活的欲求产生

▼

享受适合自己的自由尺度的购物
新的购物意识及行为孕育而生

▼

生活者变化洞察

以“自由尺度”享受
购物乐趣并重新审视生活意义的生活者

Duo Wu

度物

购物过程中的课题

“购物高速化”导致购物乐趣感知困难
除“便捷性及实惠感”外，需重塑“信赖关系”

▼

面对中国购物环境的升级
以卖场为起点，重塑“信赖关系”

▼

市场营销视点

购物情景的尺度变化

「生活即购物」的对策

购物信息来源的尺度变化

「卖场媒介一体化」的对策

购物信息内容的尺度变化

「现实生活实用价值」的对策

审时度物 大道至简

判断时机，推测万物。
一些"大道理"，实则极为简单，
以精炼的语言便可阐述清楚。

杨雪睿 副教授
中国传媒大学广告学院广告学系

在中国传媒大学广告学院与博报堂生活综研（上海）近十年的合作研究中，对生活者生活方式、消费意识的探究贯穿始终。随着时代的变迁，社会潮流的更迭，生活者的"自我意识"也在不断发生变化，并在品牌观念和消费行为上有所体现。

"自我意识"发生转变的年轻生活者

以年轻生活者为例，2011年，中国传媒大学广告学院进行"90后大学生网络化生活研究"时就已指出，90后大学生的自我意识开始觉醒，一部分90后大学生给自己贴的标签就是"以自我为中心"。十年之后，又一波年轻生活者——"00后"崛起。他们认为自我就是"使我快乐"，自我就是对"自身欲望、需求的满足"。如果说90后是握着鼠标出生的一代，那么00后就是浸润在社交网络中的一代，社交媒体是他们直面自我、呈现自我的舞台。2020是不同寻常的一年，经过新冠肺炎疫情，生活者的自我意识又有了新的变化。在当下的年轻生活者中，他们的自我认知又发生了怎样的转变？

"回归"成为描述生活者变化的关键词

经过与年轻生活者的交流，可以提出一个关键词——"回归"。第一个层面是回归家庭。以大学生为例，受到疫情影响，2020年上半年大学生无法返校，居家上课学习，也就比以往有更多时间同家人在一起。他们在购物时，比疫情之前更多考虑家人、周围朋友的需求。以自我为中心，再推及家人、朋友，形成一个同心圆。家庭、朋友成为自我的延伸。

第二个层面则是回归简单。疫情期间，以往紧张忙碌的都市生活被简单的居家生活所替代。这就使得年轻生活者对物质层面的关注有所降低，而对精神层面的关注明显增加，有更多时间和精力去重新审视生活的意义。他们认为，"自我就是对自己的每一个选择与决定有主动权，在购物时会充分考虑自己的需求、喜好与购买能力"，以"自我"的尺度进行考量。这与本次研究报告中提到的"度(duo)物(wu)"消费者不谋而合。

“内容”与“场景”至关重要

生活者在新冠肺炎疫情的背景下审时度势，重新谨慎考量“物”对于自我的意义。对营销者来说，面对各种生活方式“乱花渐欲迷人眼”之时，反而更需要冷静与客观。当生活者已经对各种数字化营销传播手段司空见惯时，内容就显得尤为重要。褪去浮华外表，回归简单，能够直击生活者心灵的“内容”成为营销的关键。

除“内容”外，“场景”也要格外引起关注。本次研究报告中提到“生活即购物”“卖场媒介一体化”。事实上，生活者的欲求之源、信息采集之力、决策制定之因都离不开各种现实与虚拟的场景。琳琅满目、触手可得、扑面而来的感官刺激会让生活者更真实、真切地感受到产品和品牌的力量。当生活回归“简单”，生活者既会相对理性地看待电商平台的狂欢，也会在现实情境中慎思明辨。从品牌形象构建的长期目标来说，线下场景仍然是吸引生活者、树立品牌形象的重要途径。

总体而言，生活者自我意识的转变，反映到对品牌的看法上，就是更加关注品牌是否能带来快乐、满足、舒适度与幸福感，而这与生活者对自我的关注、对家庭的关注密切相关。生活者希望寻求生活中的快乐和乐趣，对自我和家庭的关注成为疫情之后消费的源动力。生活者对自己的度(du)、对家人的度(du)、对朋友的度(du)，都正在发生变化。营销者要把握这种变化，挖掘“简单”内容、构建有效场景，才能更有针对性地与“度物”生活者建立连接与信任。

【后记】

人们为何如此热爱购物?

自2013年开始的生活者“动”察，截至2020年迎来了第八个年头。本次，我们研究了“购物生活”。说到这个主题，也许会有一种老生常谈的感觉吧。借此机会，我们想跟各位读者分享本次研究这一主题的缘由。

最初的契机是，我们看到在逐渐复苏的后疫情时代中，生活者们仍然活跃的购物生活。受到刺激内需等国家政策的影响，中国的消费市场迅速回暖。而我们博报堂生活综研(上海)的研究员们在非常热衷于购物的同时，也时常会产生“我们为何如此热爱购物”的疑问和探讨。工作之余，诸如“真的需要那么多化妆品吗”“咦?!怎么又买了高级吹风机啊”“这个按摩仪超划算呢”这样的对话在我们团队内也是频繁地出现。就算是真的非常划算，有必要这般频繁购物吗?这一现象逐渐引起我们的兴趣，因此，我们也开始思考其背后的原因。这对本次研究主题的选择产生了很大的影响。

但对于生活者来说，真的有那么多值得买的东西吗?本书中也有提到，“生活者的购物热忱增加了”。经历过疫情的生活者，实际上将购物变成了替代旅行的一种休闲方式的人也不在少数。即使是将购物视为自我消遣方式，但我们同时也发现现在的生活者产生了“自己是不是有时候买得太多了”的反思。

关于中国生活者热衷购物的原因，正如中国传媒大学广告学院的杨雪睿老师在本书的专业人士访谈部分提到的一个观点——生活者不仅为了自己而消费，也热衷于为家人及朋友消费。观察身边的博报堂生活综研(上海)研究员们，我们也发现，大家经常为家人添置各类家电作为礼物，也会为家人购买一些养生食品等。大家在关注个人、重视自我的同时，也会绞尽脑汁为身边在意的人进行消费，而这也成为支撑大家旺盛消费欲的动力之一。经历疫情后，对家人的重视程度甚至高于对自己的重视程度的生活者也不在少数。这种关爱他人的消费行为空前活跃，不仅促进了国内经济的复苏及发展，人与人之间的情感关系也得到进一步深化。

生活者并不只是考虑到自己，也会由己及人，考虑到家人、朋友而进行消费。由此可见，大家拥有“基于自我视角的购物尺度”的同时，还拥有着“基于关爱他人视角的购物尺度”，这也进一步诠释了生活者所拥有的购物尺度的多样性。每位生活者自身衍生出多种多样的、可变的尺度。购物环境在数据或科技层面是合理化、逻辑化的，而在生活者心理层面我们明显地感受到了充满人情味的购物理由。理解和把握生活者充满人情味的一面，对于今后在中国开展市场营销业务是至关重要的。

博报堂生活综研(上海)不只是利用数据和调查来捕捉浅层的生活者洞察，而是在落实“全方位观察人”的“生活者发想”这一根本理念的基础上，深度挖掘人情味十足的中国生活者内心，不断探寻生活者行为的变化趋势及未来市场营销课题的解决方向。

博报堂生活综研(上海)　全体研究员

【资料篇】数据集

调查概要

《购物生活调查2020》　调查概要

调查国家

中国：	一到四线城市	共3,000样本
日本：	关东、关西、东海地区	共1,000样本
美国：	纽约、洛杉矶、芝加哥	共1,000样本
三国合计	5,000样本	

调查对象

拥有智能手机的20-59岁男女

※中国的家庭月收条件设置：

　一线城市为8,000-49,999元　新一线到四线城市为6,000-29,999元

※ 日本、美国未设置家庭月收条件

调查方式

网络调查

调查时间

2020年11月

调查机构

明路市场调查

《消费晴雨表调查》　调查概要

调查对象

拥有智能手机的中国一线城市、新一线城市20-69岁男女　1,600名

家庭月收为7,000-29,999元

※注　60-69岁人群的家庭月收为4,000-9,999元

调查方式

每月实施的网络调查

调查机构

问卷网

《购物生活日记调查》《购物生活调查(深度访谈)》 调查概要

调查对象

一到四线城市的20-59岁男女 共72名

个人消费每周7次以上，并且回答“非常喜欢购物”的受访者

※家庭月收条件设置：

一线城市为10,000-99,999元　新一线到四线城市为7,000-99,999元

调查方式

网络调查+视频采访

※《购物生活调查(深度访谈)》从72名受访者中筛选24名受访者进行采访

调查时间

2020年10月

调查机构

央视市场研究(CTR)

购物意识・行为

消费意欲预测指数的变化　*只限中国

《消费晴雨表调查》

Q 您下个月的消费意欲是多少分　（100分满分）　※2020年3月未调查

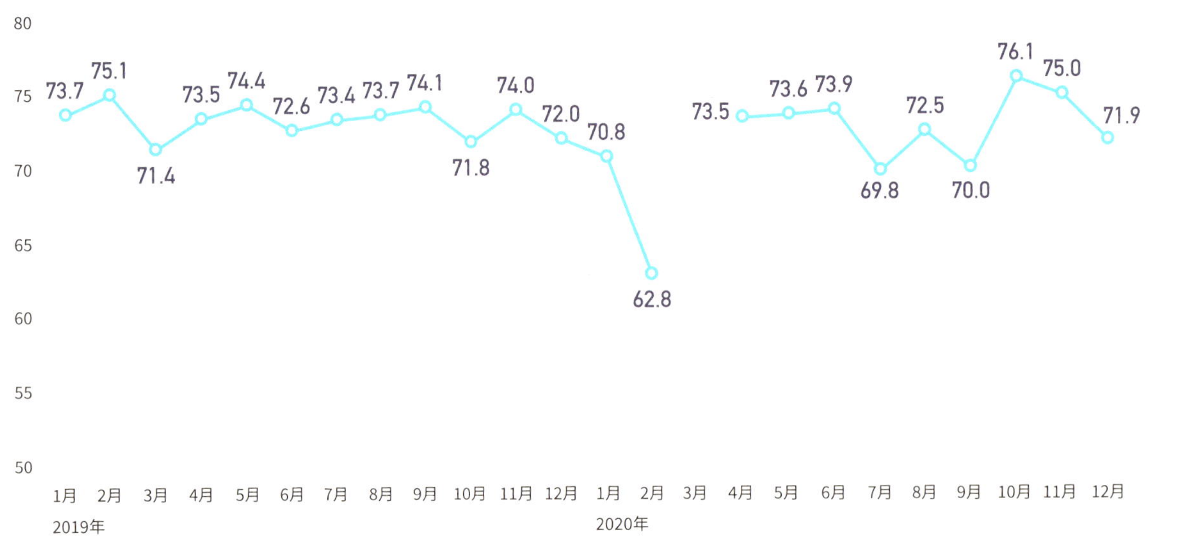

※2020年2月的消费意欲指数为博报堂生活综研(上海)的《新型肺炎影响把握调查(2020年2月)》的调查结果中的数值，即2020年2月的消费意欲指数为当月的消费意欲指数。此外，受新冠疫情影响，2020年2月并未实施《消费晴雨表调查》，因此暂无2020年3月的消费意欲预测指数。

目前的消费意欲

《购物生活调查2020》

Q 您目前的消费意欲是多少分　（100分满分）

国家比较

中国	76.5 分
日本	55.8 分
美国	64.7 分

中国：年龄比较

20s	79.2 分
30s	76.4 分
40s	74.4 分
50s	74.8 分

中国：城市比较

一线	75.9 分
新一线到二线	77.0 分
三到四线	76.7 分

消费意欲的变化

《购物生活调查2020》

Q 您目前个人的消费意欲与一年前相比有怎样的变化

（单选）（%）

■ 增加了 ■ 无变化 ■ 减少了

国家比较

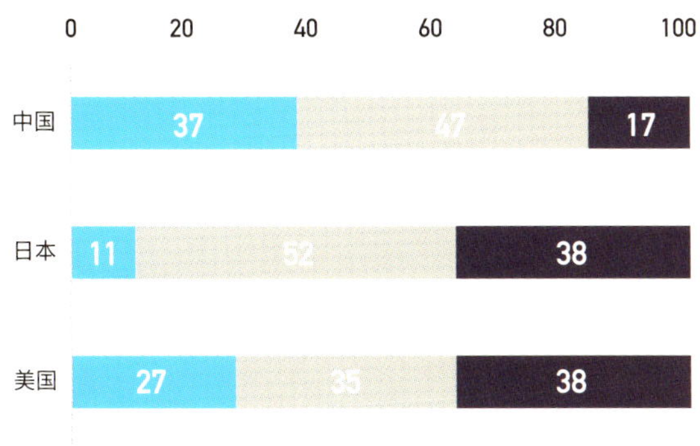

中国：年龄·城市比较

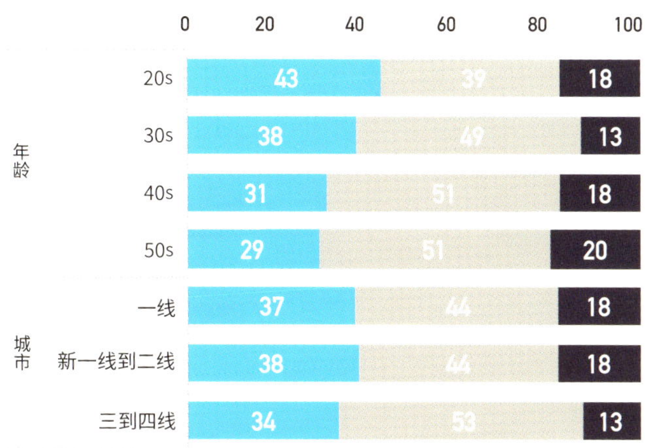

今后消费意欲的变化

《购物生活调查2020》

Q 您预测自己接下来一年的消费意欲变化情况会是怎样的

（单选）（%）

■ 会增加 ■ 不会有变化 ■ 会降低

国家比较

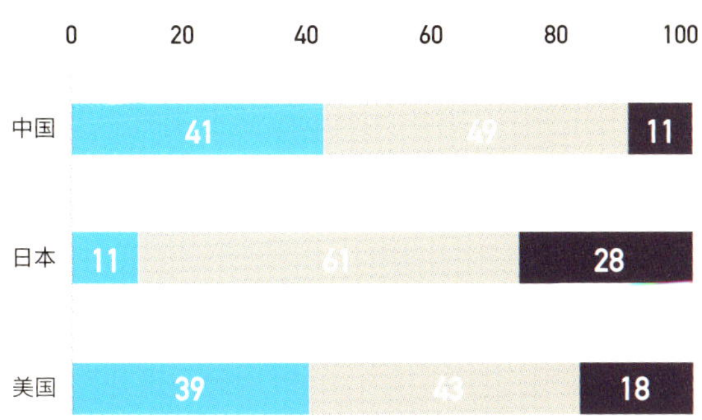

中国：年龄·城市比较

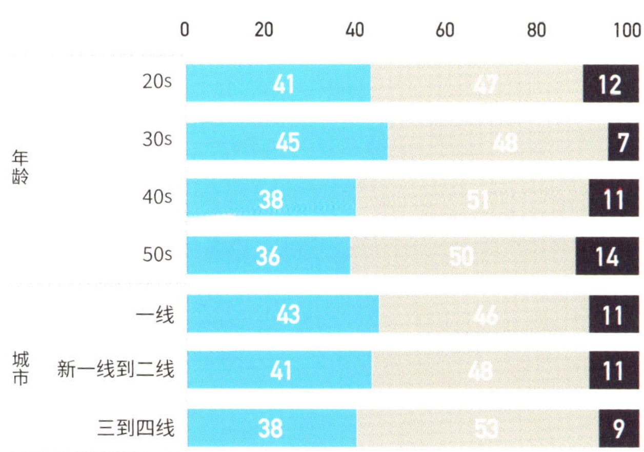

购物意识·行为

购物金额的变化

《购物生活调查2020》

Q 在最近一年内，您的购物金额是怎样变化的

※不包含房贷、车贷、水电煤气费、通勤通学的交通费

（单选）（%）

增加了　无变化　减少了

国家比较

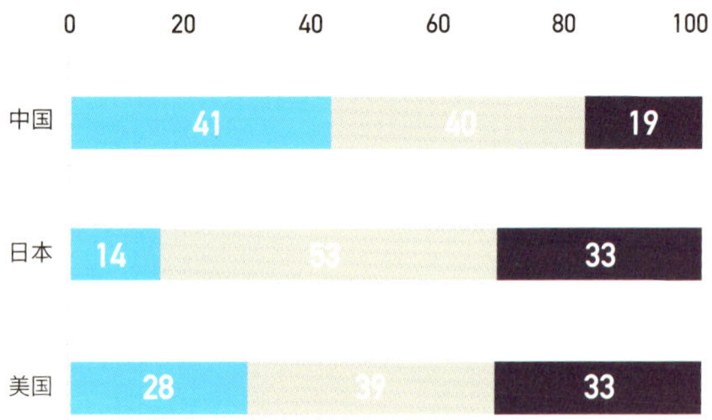

中国：年龄·城市比较

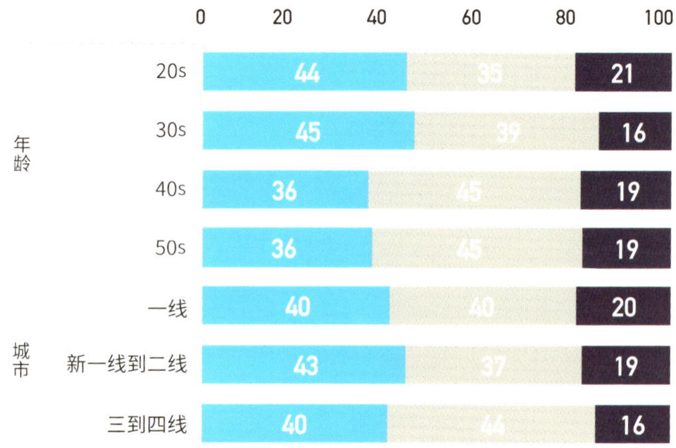

购物频率的变化

《购物生活调查2020》

Q 在最近一年内，您的购物频率是怎样变化的

※不包含房贷、车贷、水电煤气费、通勤通学的交通费

（单选）（%）

增加了　无变化　减少了

国家比较

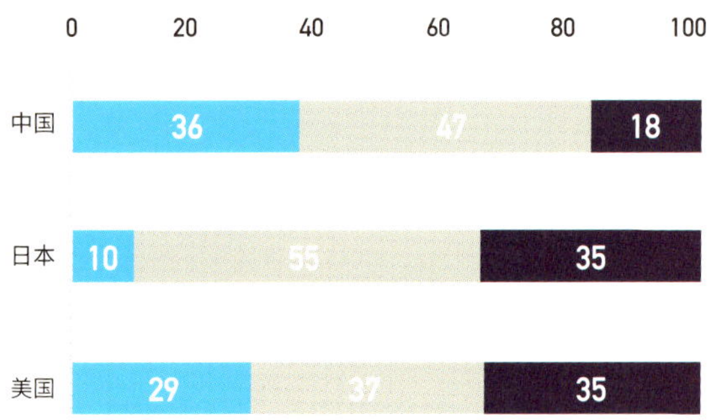

中国：年龄·城市比较

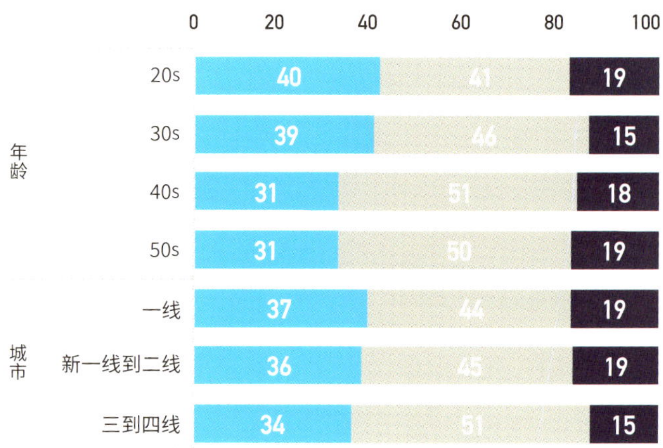

支付宝消费金额及次数的变化　*只限中国

《购物生活调查2020》

Q 基于2019、2020年支付宝消费统计页面的内容，请您准确填写2019、2020年度的【总支出】以及【支出次数】

全体	支出金额（每月平均）	支出次数（每月平均）
2019年	5,847.34 元	41.66 次
2020年	6,728.09 元	42.42 次

重新审视消费的群体*	支出金额（每月平均）	支出次数（每月平均）
2019年	5,828.36 元	41.02 次
2020年	6,464.35 元	40.00 次

*“重新审视消费的群体”为：以2020年新冠疫情为契机，开始重新审视消费或打算重新审视消费的人群。

【支出品类】支付宝消费金额及次数的变化　*只限中国

《购物生活调查2020》

Q 支付宝消费统计页面中，2019、2020年度支出金额

※蓝色字体为与2019年相比，增长高于5元的消费类别。　※以2019年的支出金额从高到低排序

	2019年	2020年
转账充值	1,153	978
投资理财	674	754
其他	526	605
生活日用	326	275
餐饮美食	253	198
服饰美容	178	191
人情往来	110	28
交通出行	68	39
信用借还	64	56

	2019年	2020年
休闲生活	54	45
医疗保健	47	56
通讯物流	43	14
充值缴费	30	46
爱车养车	30	22
图书教育	27	34
生活服务	14	46
金融保险	13	26

消费品类的变化　*只限中国

《购物生活调查2020》

Q 在最近一年内，您的消费行为有何变化

（单选）（%）

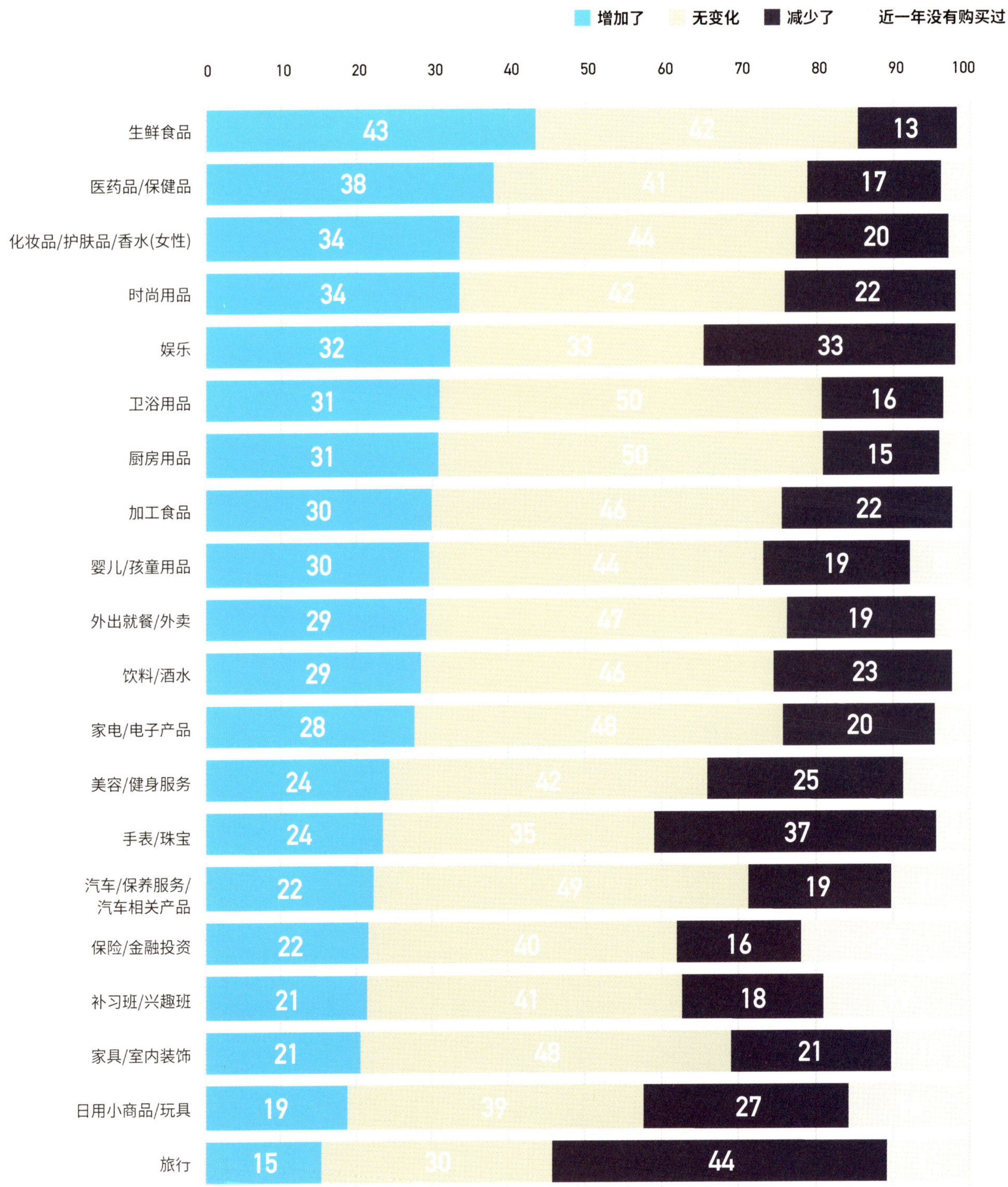

今后消费品类的变化 *只限中国

《购物生活调查2020》

Q 预测一下自己未来一年内，您的消费情况会是怎样的

（单选）（%）

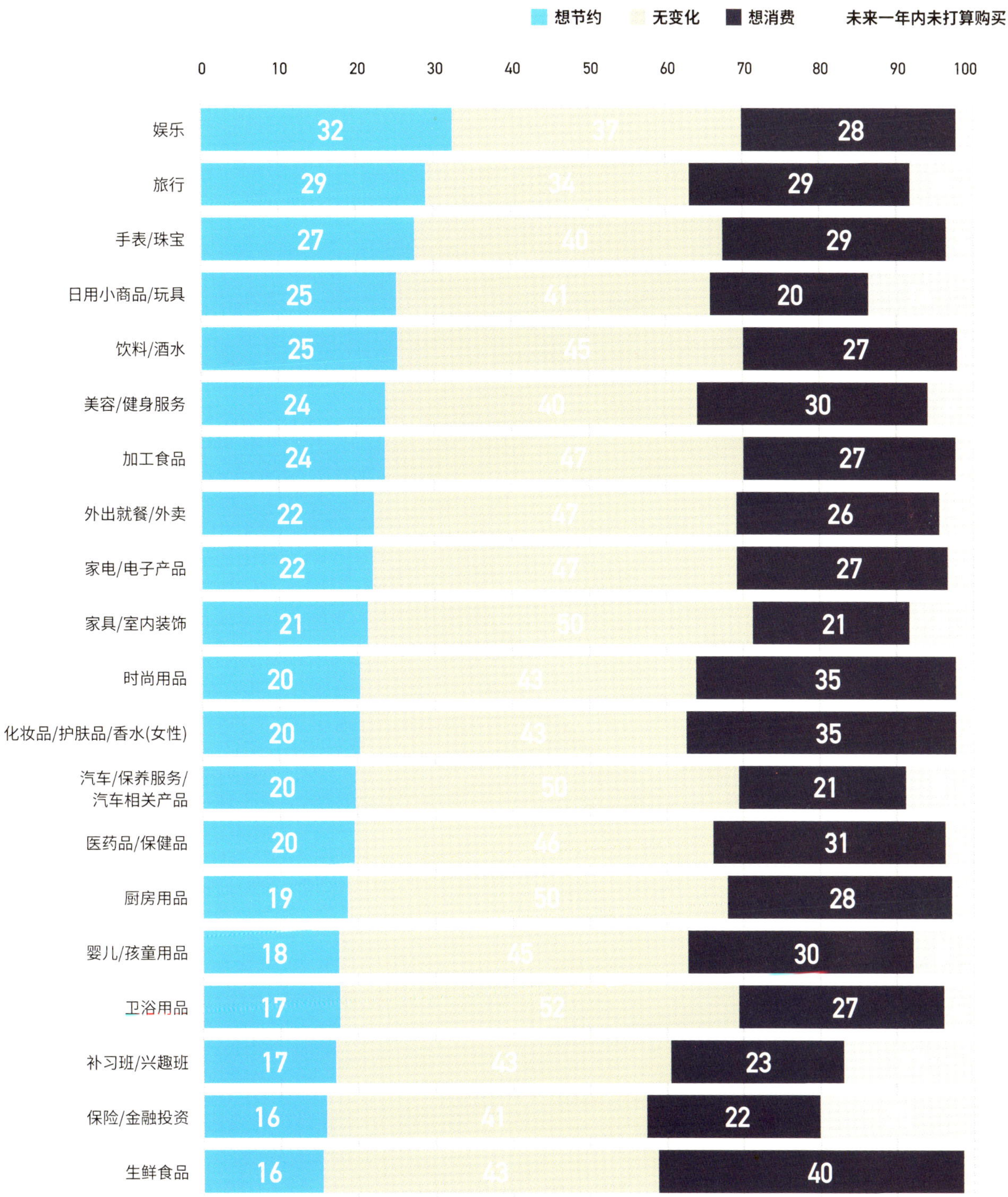

购物意识・行为

购物乐趣的变化

《购物生活调查2020》

Q 现在，"购物体验"会让您感到愉悦吗

（单选）（%）

国家比较

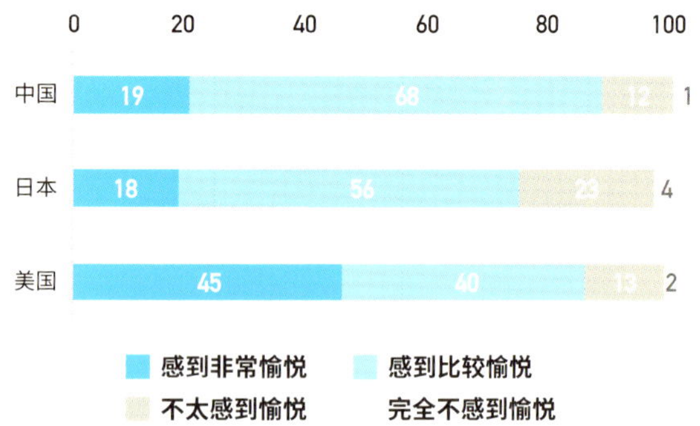

中国：年龄・城市比较

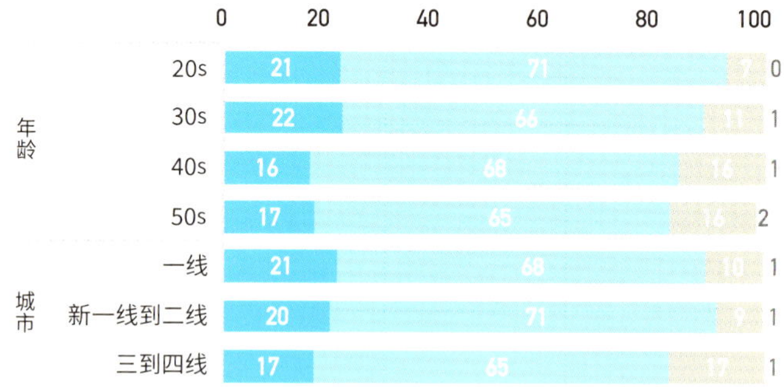

Q 购物体验所带来的"愉悦感"对您来说重要吗

（单选）（%）

国家比较

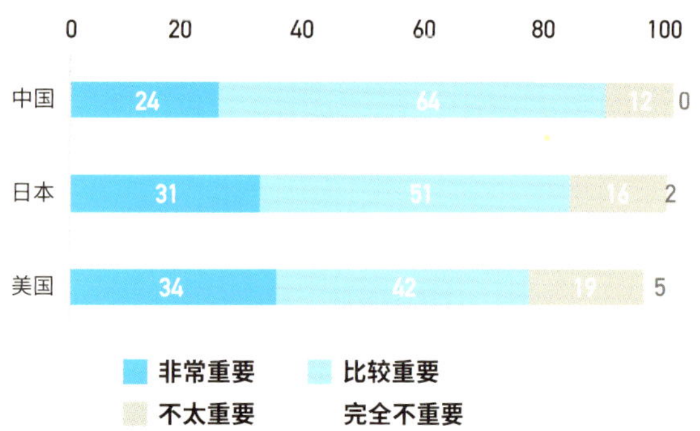

中国：年龄・城市比较

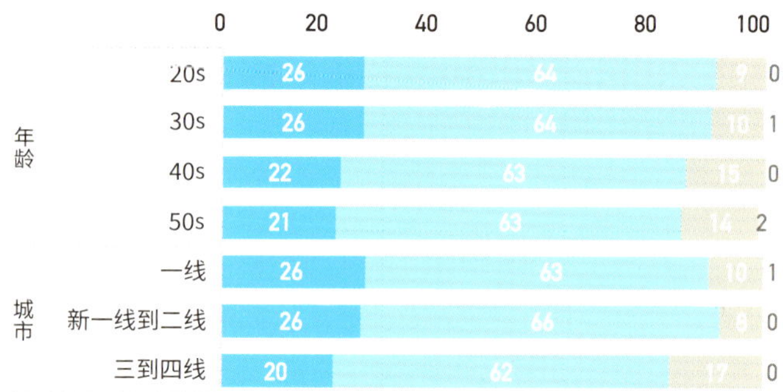

Q 您觉得自己在购物体验中获得的"愉悦感"与以前相比发生了怎样的变化

（单选）（%）

国家比较

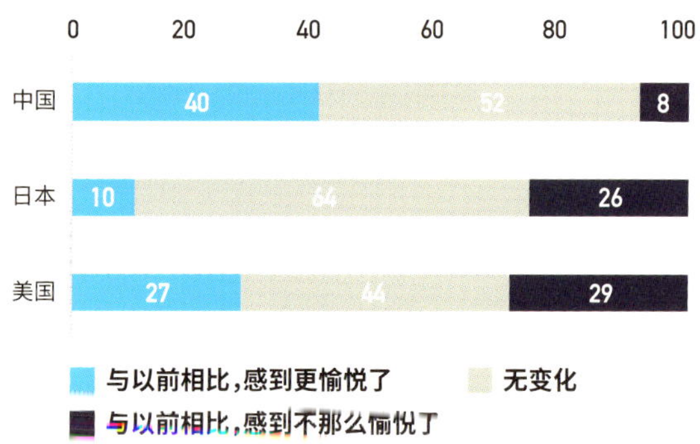

中国：年龄・城市比较

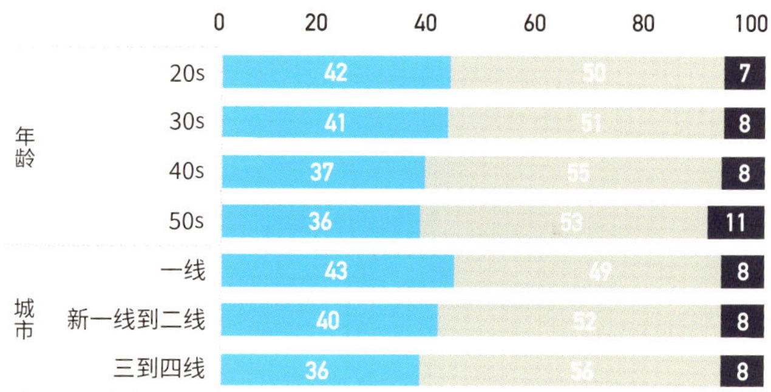

购物时感受到乐趣的瞬间 *只限中国

《购物生活调查2020》

Q 在购物体验中，您在下列哪些场景中会产生“愉悦感”

（多选）（%）

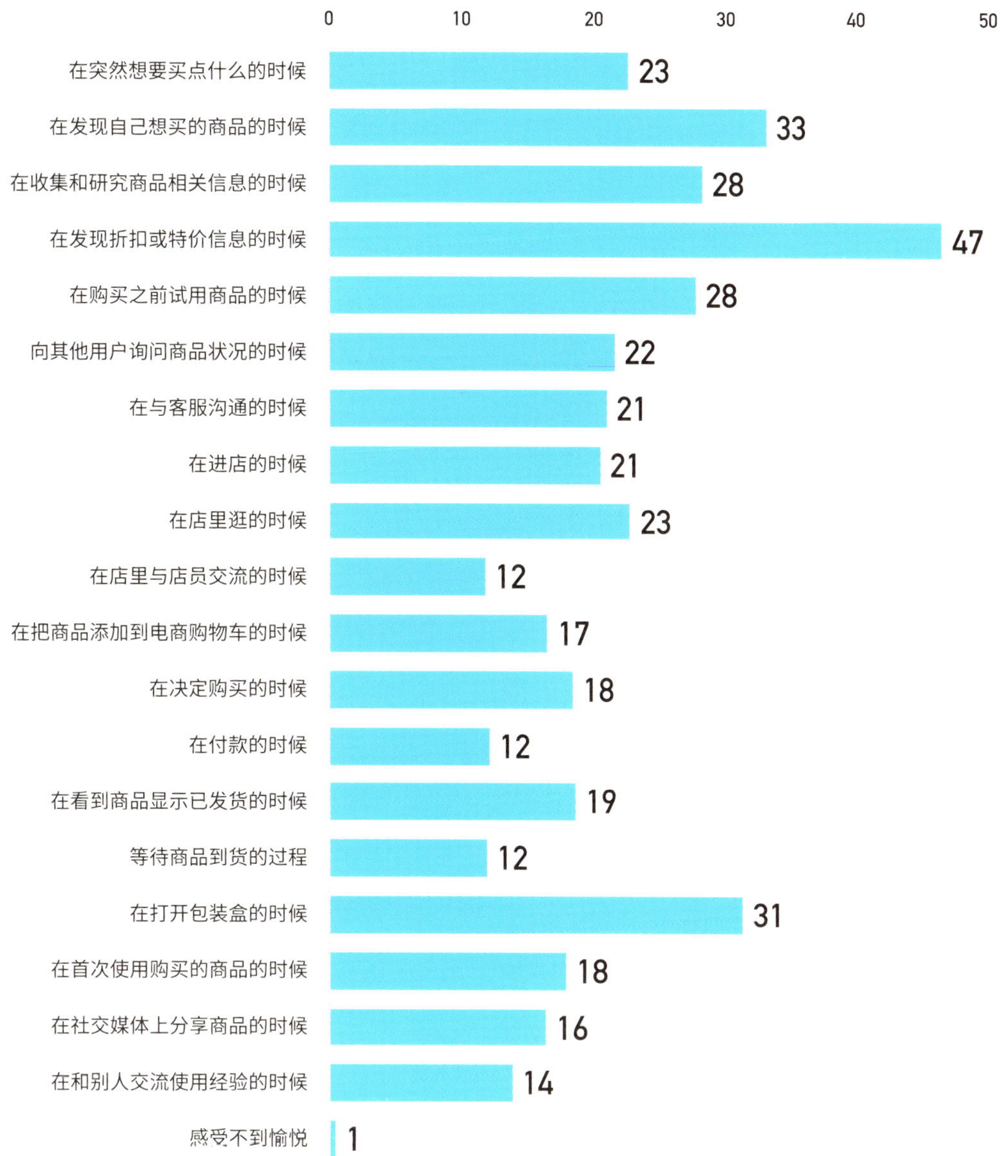

购物意识·行为

购物的场景　*只限中国

《购物生活日记调查》

Q 关于您购买商品/服务的时间点

※对《购物生活日记调查》中的所有受访者的共计360个购买行为进行统计的结果　(单选)(%)

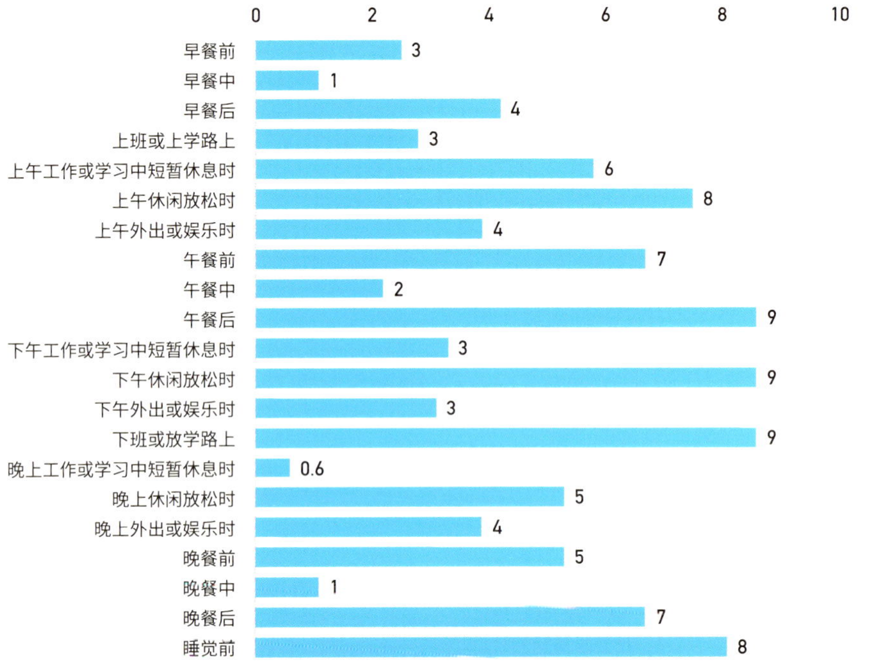

购物时的关注点　*只限中国

《购物生活日记调查》

Q 关于您在购买商品/服务时关注的点

(多选)(%)

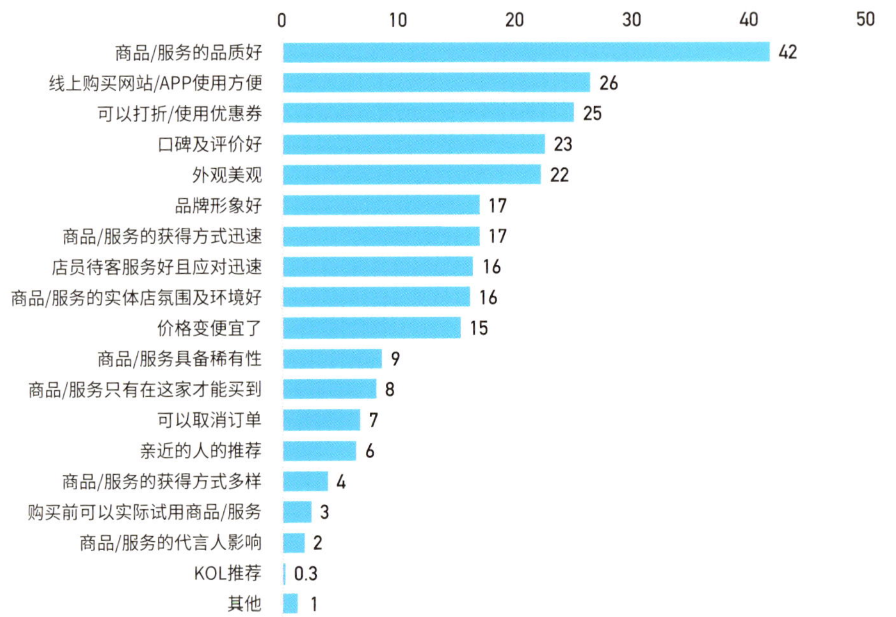

影响购物的信息来源的变化　　*只限中国

Q 在最近一年内，影响您购买商品/服务的信息来源本身是否发生了变化

（单选）（%）

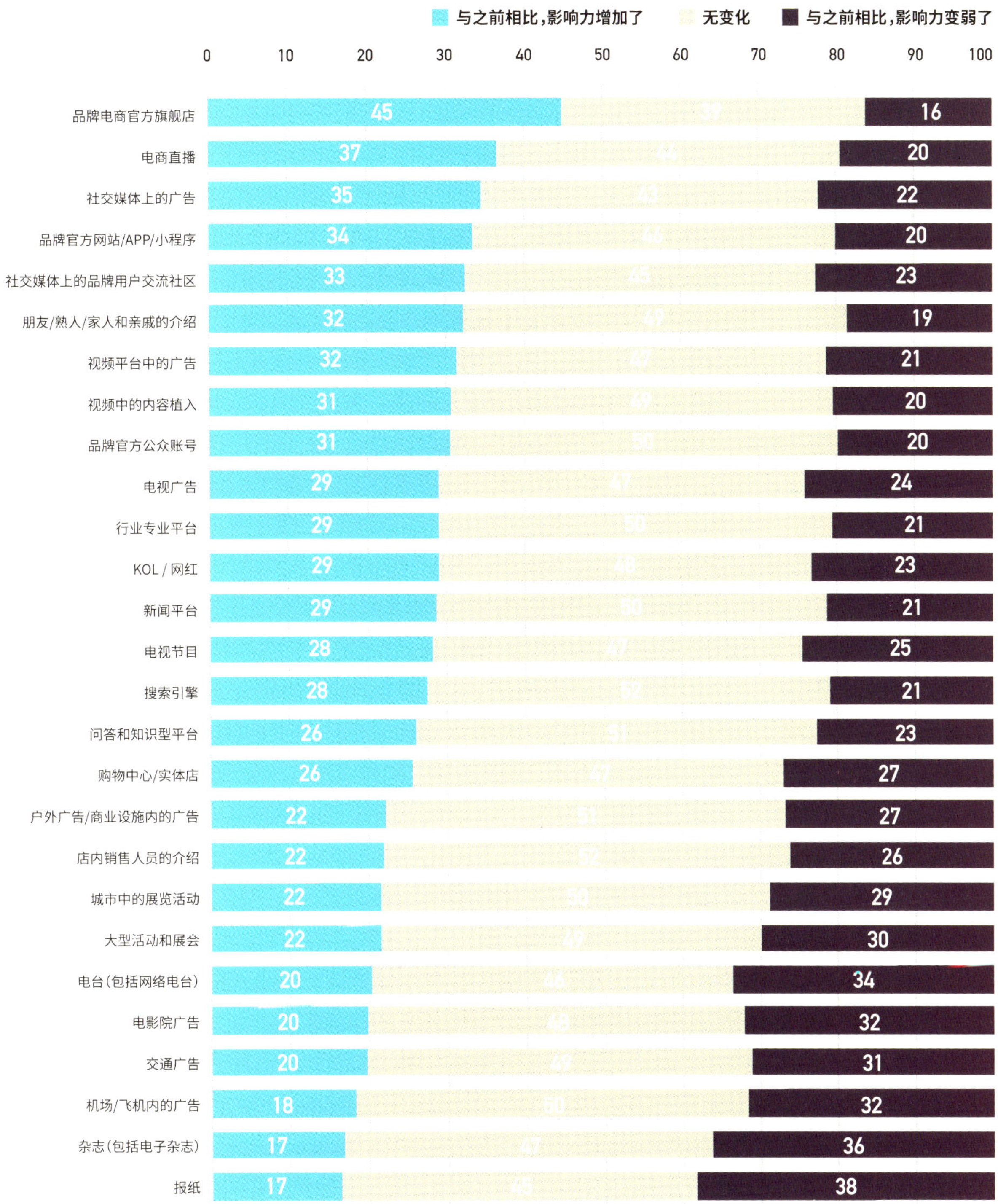

购买方式的变化　　*只限中国

《购物生活调查2020》

Q 在最近一年内，关于您的购物方式发生了怎样的变化

(单选)(%)

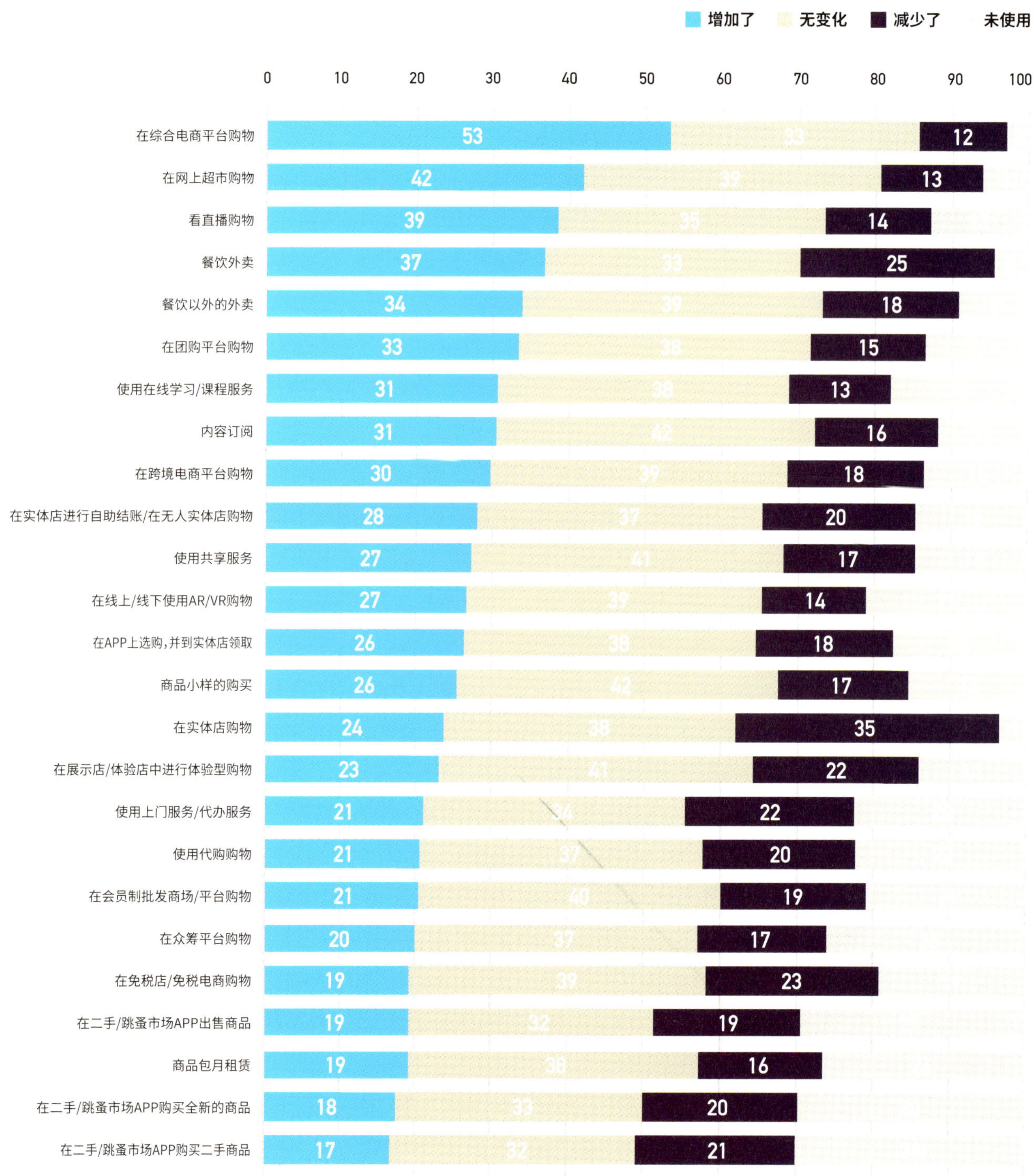

购物意识・行为的变化

《购物生活调查2020》

Q 在最近一年内，关于消费意识和行为发生了怎样的变化

（单选）（%）

■ 与之前相比，更是这样认为　■ 无变化　■ 与之前相比，并不这样认为

Q 想购买或利用的商品/服务增加了

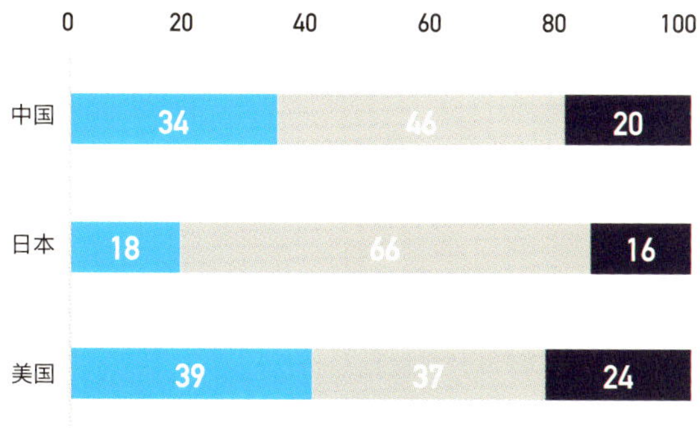

Q 购买了之前一直忍住没买的商品/服务

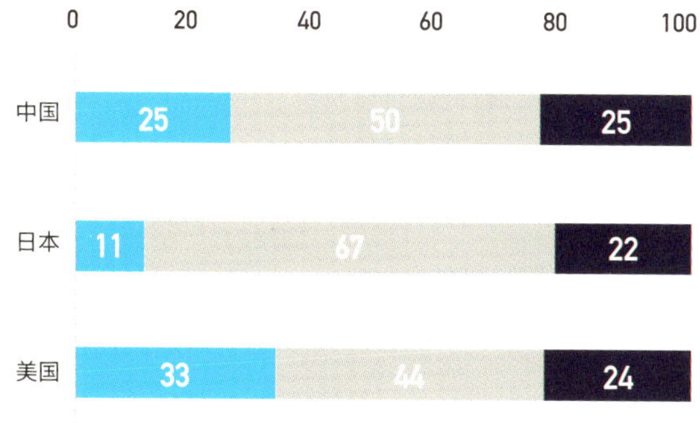

Q 会选择比以前更好的品牌

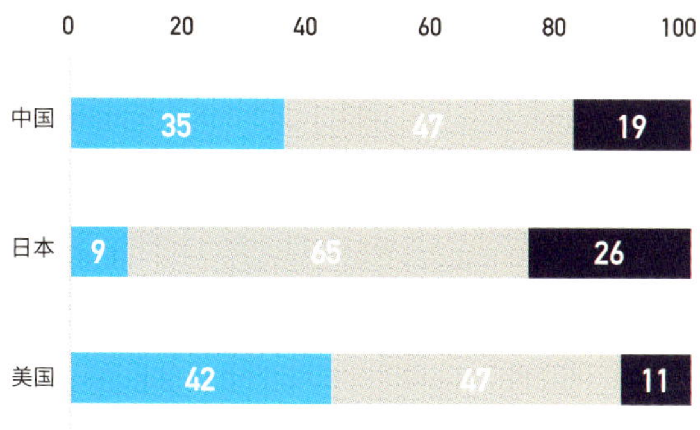

Q 更想购买奢侈品牌/产品

Q 更会选择性价比高的商品/服务

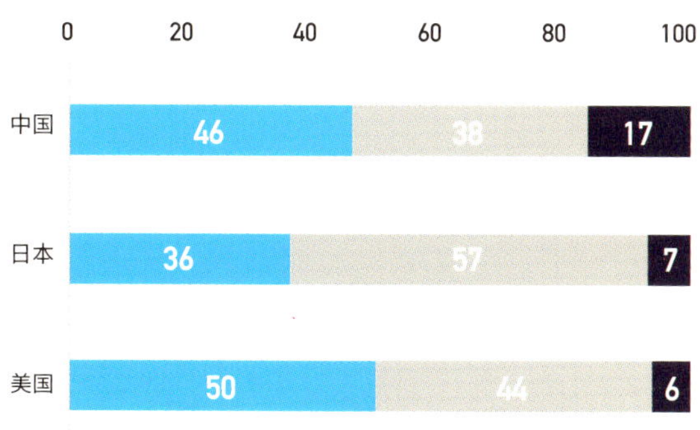

Q 即使不是名牌，只要功能、质量好，也会购买

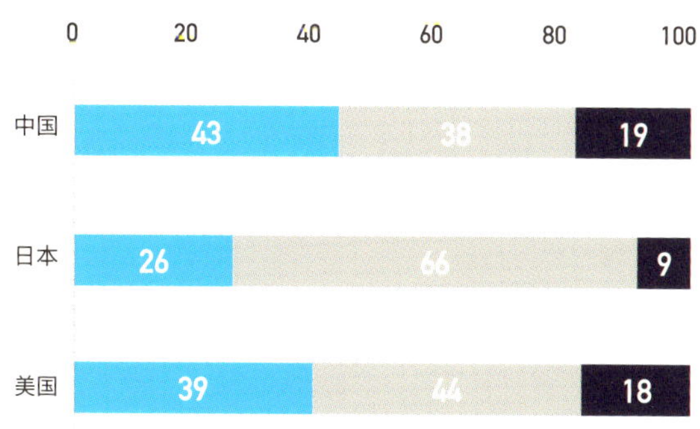

购物意识・行为的变化

《购物生活调查2020》

Q 在最近一年内，关于消费意识和行为发生了怎样的变化

（单选）（%）

Q 打折或降价商品/服务的购买增加了

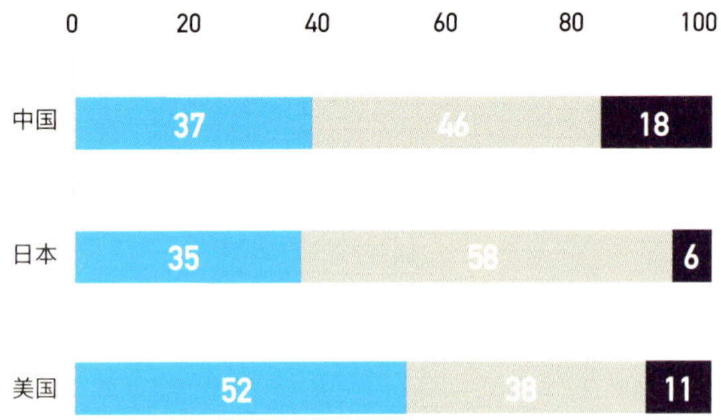

Q 小额零散消费减少了

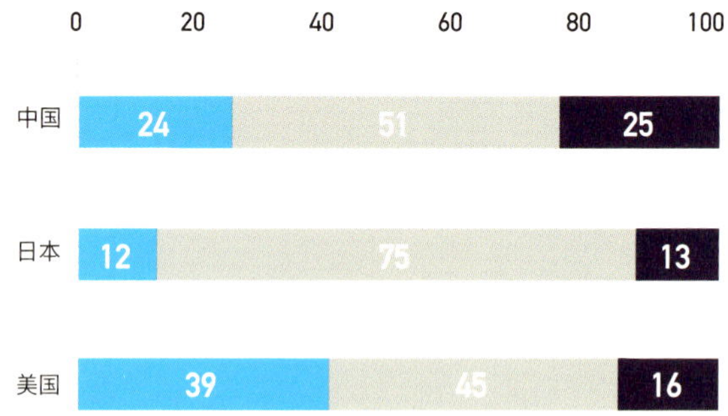

Q 会在促销及打折期间集中购物

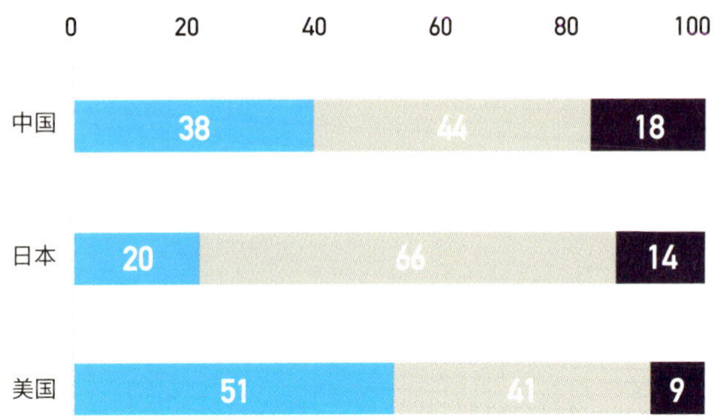

Q 即使没有促销及打折也会购物

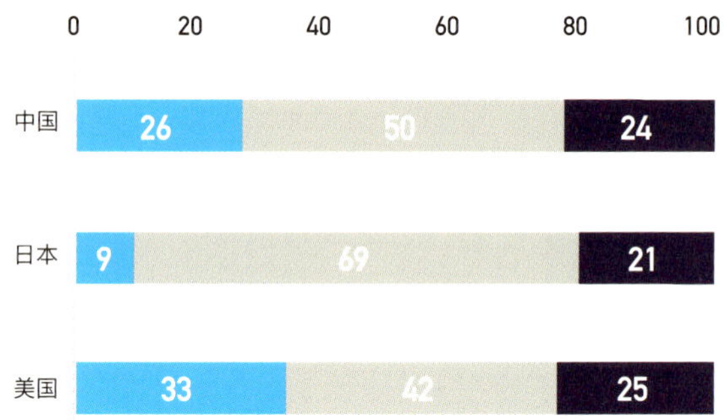

Q 旅行减少了，商品购买行为增加了

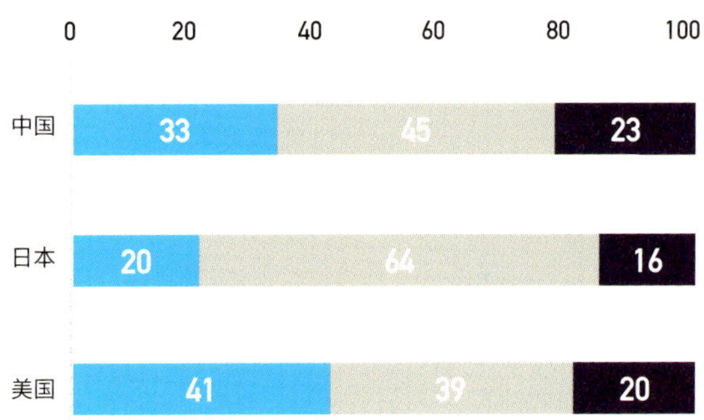

Q 会花费更多的时间去认真选购

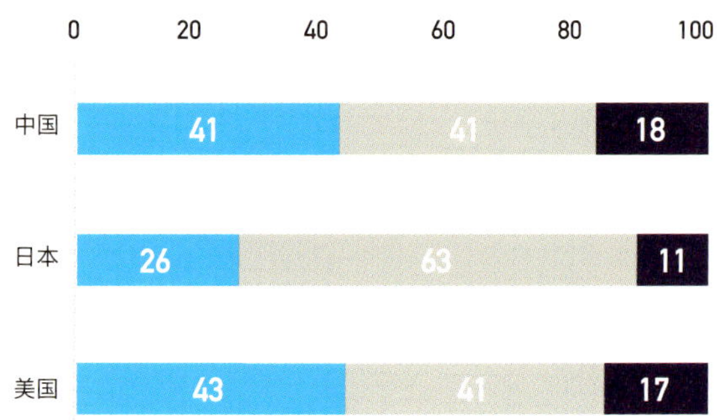

与之前相比，更是这样认为　无变化　与之前相比，并不这样认为

Q 只有当购买欲望达到顶峰的时候才会购买

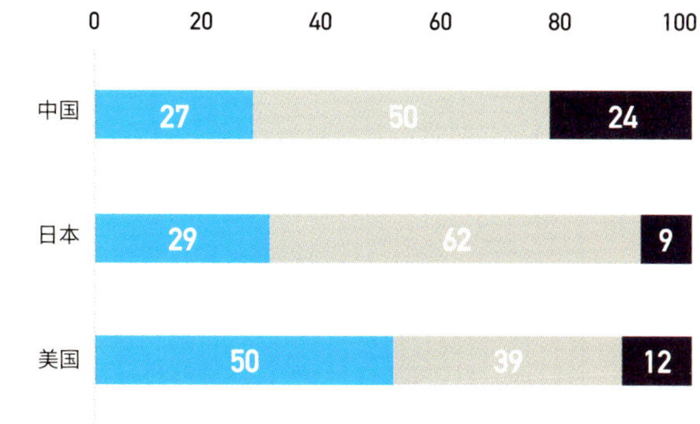

Q 在某些契机下的促使下购买了一直想买的商品，类似这样的情况增多了

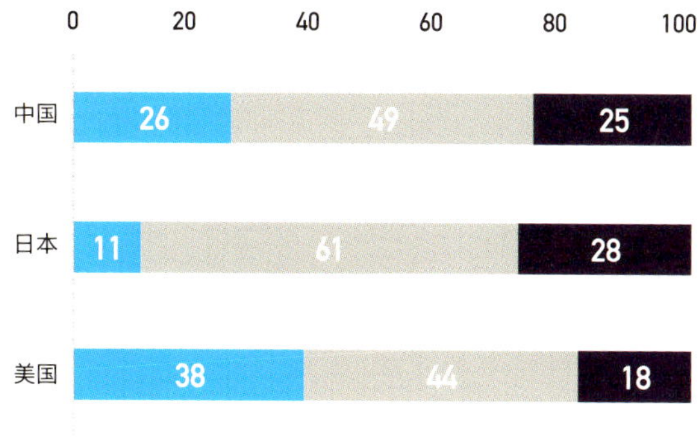

Q 在购物过程中尽量避免耗时耗力的麻烦

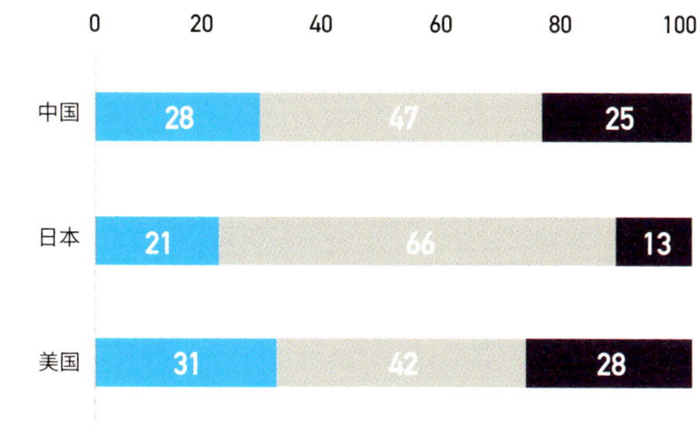

Q 为了获得更高的性价比，耗时耗力或麻烦一些也不会介意

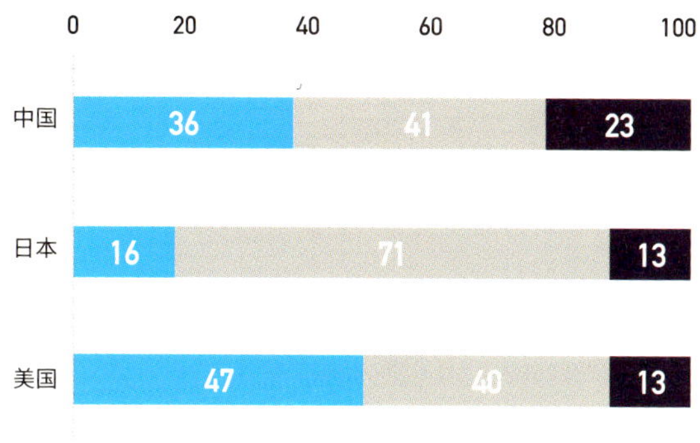

Q 为了选择好的商品/服务，不会嫌麻烦

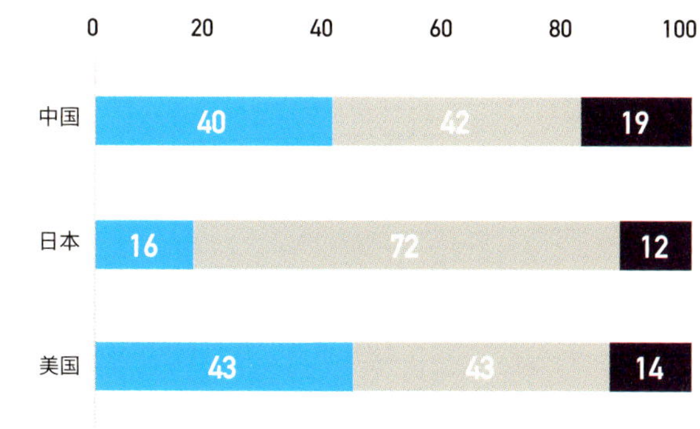

Q 查询想购买的商品/服务信息是件麻烦的事情

购物意识・行为的变化

《购物生活调查2020》

Q 在最近一年内，关于消费意识和行为发生了怎样的变化

（单选）（%）

Q 在挑选想购买的商品/服务时，由于选择过多从而出现判断困难的状况增加了

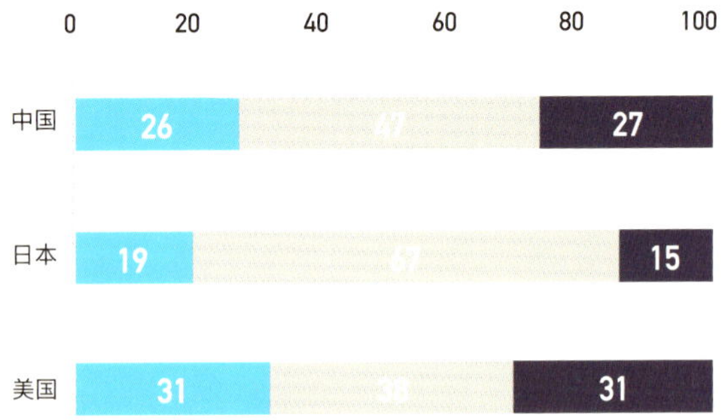

Q 在选择想购买的商品/服务时，希望能有一个精选的商品列表

Q 当想买的商品/服务不能马上得到时，就会放弃购买的情况增多了

Q 本没打算购买却又买了的情况增加了

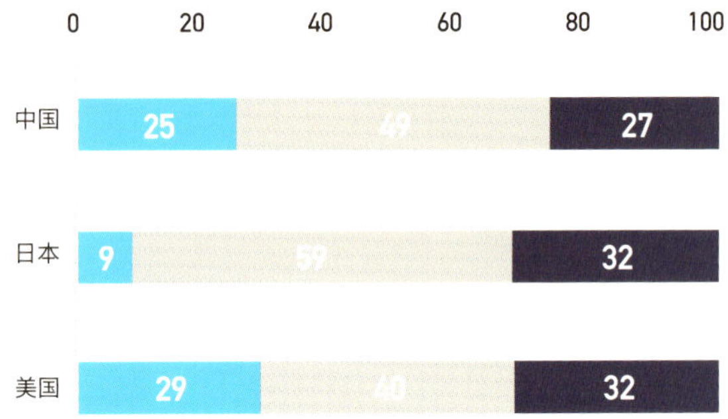

Q 会反复购买相同的商品/服务，购买内容趋于固定

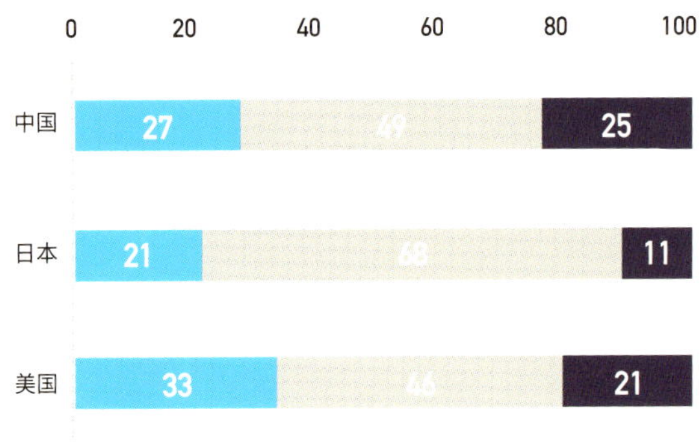

Q 放弃以往一直购买的品牌，用别的品牌取而代之

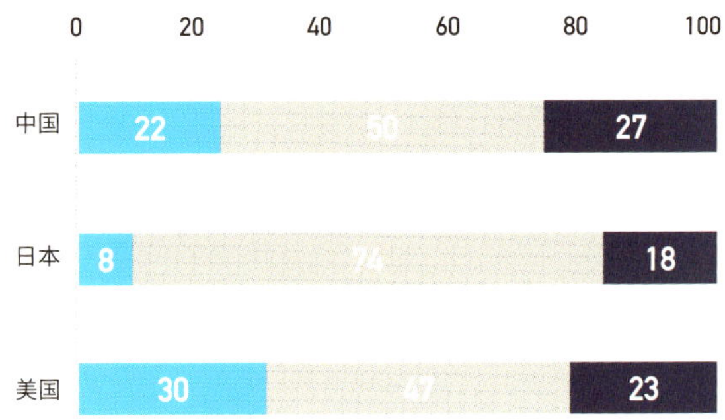

与之前相比，更是这样认为　无变化　与之前相比，并不这样认为

Q 会尝试自己过去没有使用过的新商品/服务

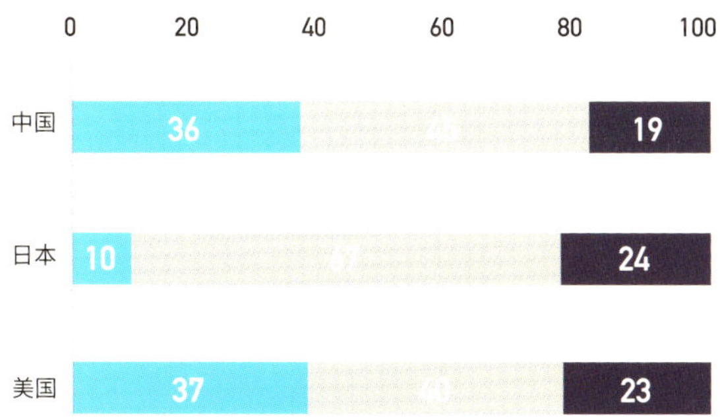

Q 会为了寻找新的购物目标，
而逛电商网站/APP/线下门店的行为增加了

Q 日常购物时，遇到能让人感到有新的魅力点的商品/服务减少了

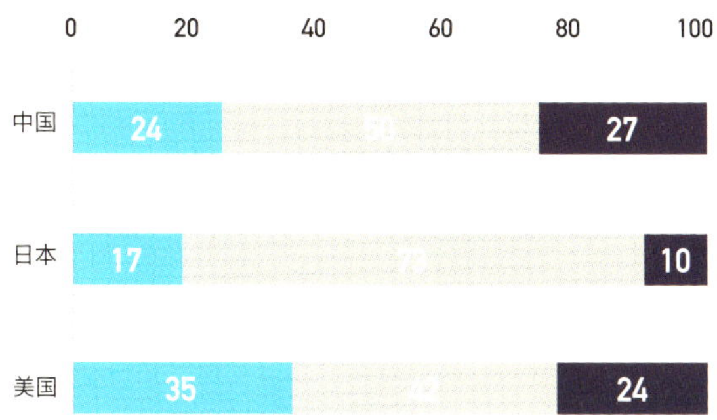

Q 在社交媒体上分享购买的商品/服务的行为减少了

购物意识・行为的变化　　*只限中国

《消费晴雨表调查:11月份》

Q 在最近一个月内，关于消费意识和行为发生了怎样的变化

（单选）（%）

完全符合　比较符合　不太符合　完全不符合

Q 节约意识变强了

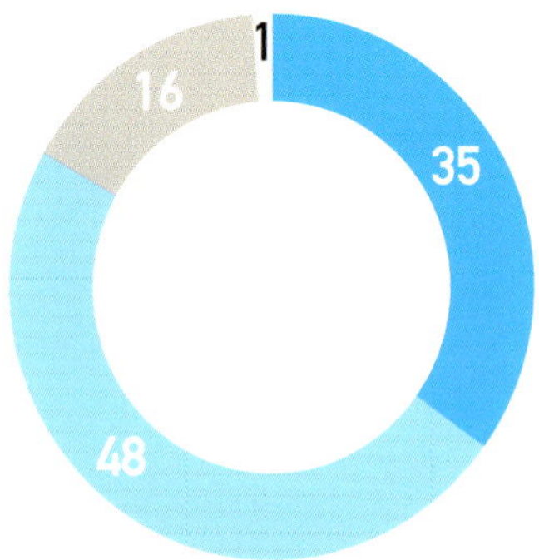

Q 即使花大价钱也要买品质好的商品/服务

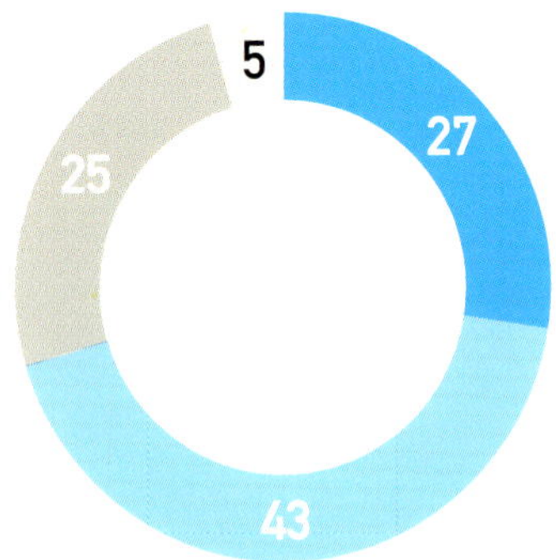

Q 开始囤食品/日用品了

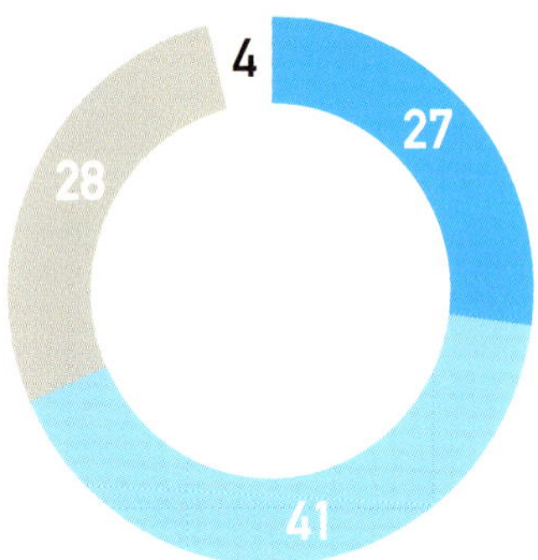

Q 对大额商品的购买变得谨慎了

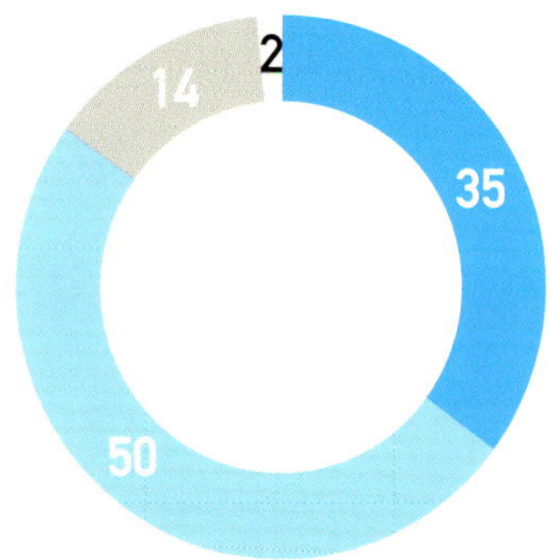

购物意识・行为的变化　　*只限中国

《消费晴雨表调查:11月份》

Q 在最近一年内，关于消费意识和行为发生了怎样的变化

（单选）（%）

■ 与之前相比，更是这样认为　■ 无变化　■ 与之前相比，并不这样认为

Q 购物过程变得快速化

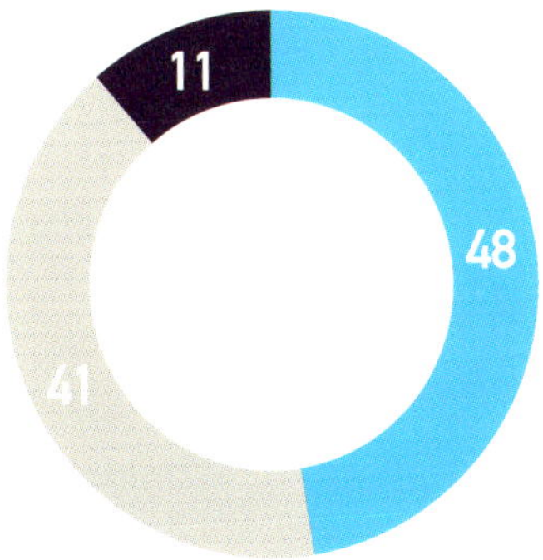

Q 不必要的商品相关的购买行为增加了

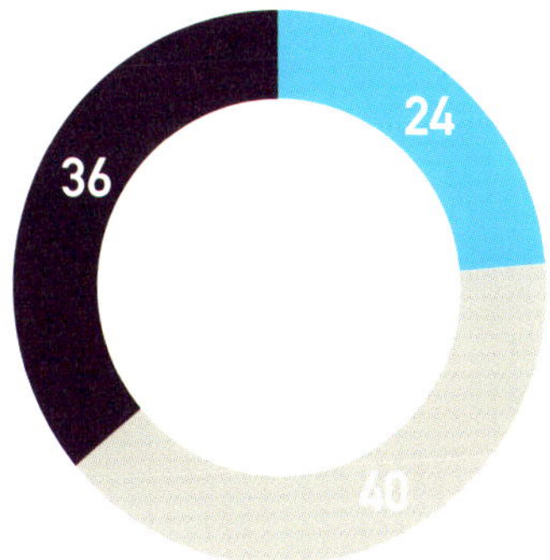

Q 家里堆着买来却不使用的商品会感到很烦

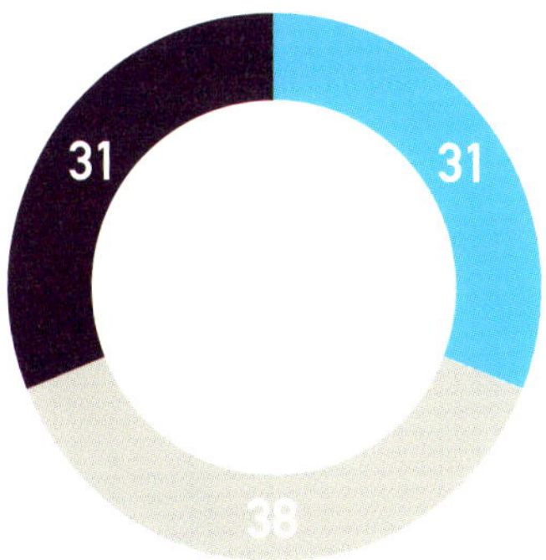

Q 因为经常购物，所以感到失去了购物的乐趣

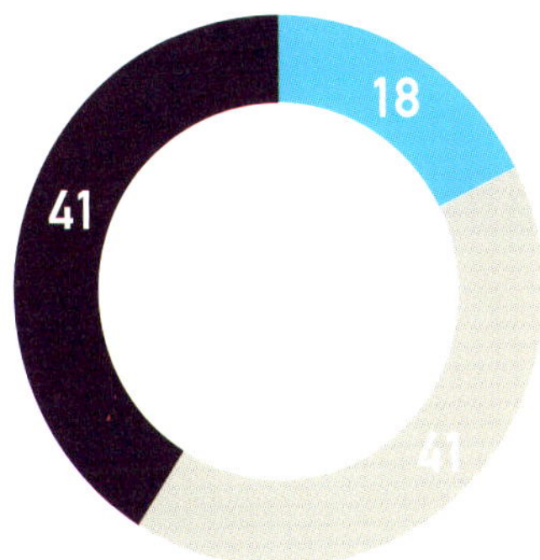

Q 会克制自己受广告或打折影响而冲动购买的行为

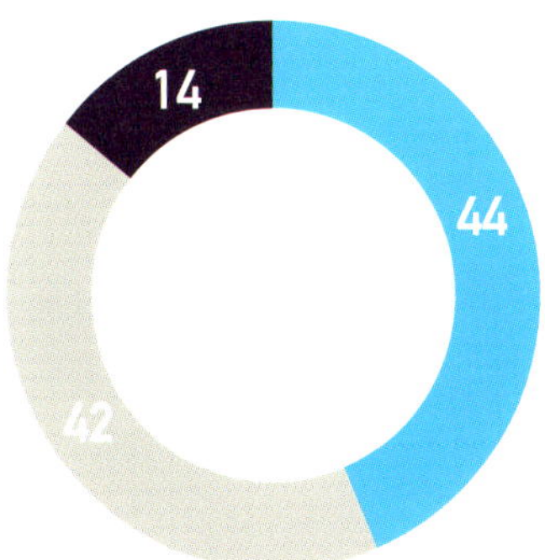

Q 会考虑自己是否真的需要后再去购买

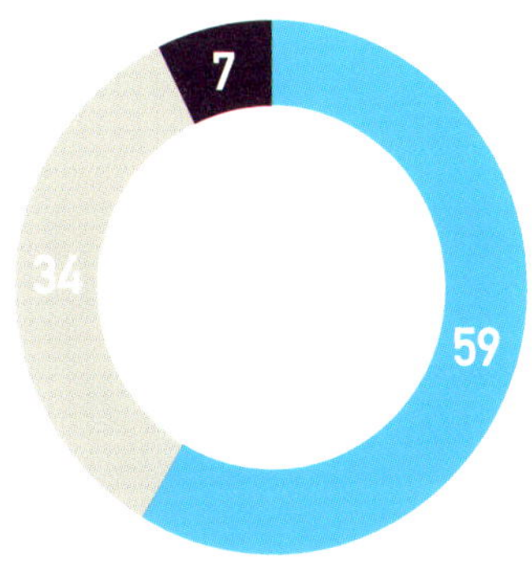

购物意识·行为

购物意识·行为的变化 *只限中国

《消费晴雨表调查:11月份》

Q 在最近一年内,关于消费意识和行为发生了怎样的变化

(单选)(%)

与之前相比,更是这样认为　无变化　与之前相比,并不这样认为

Q 受他人评价影响导致的购物行为减少了

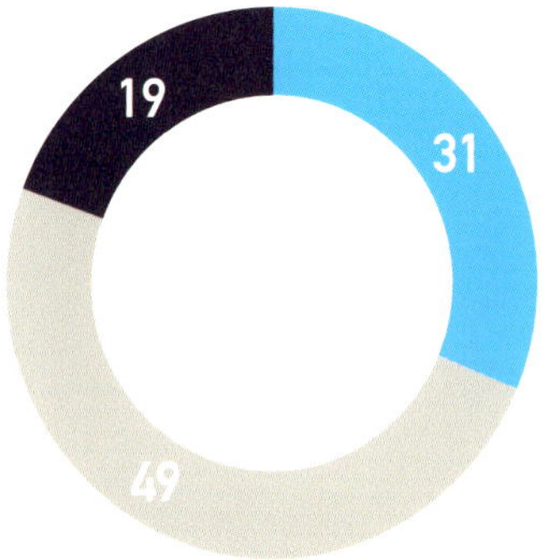

Q 比起周围人的看法,更关注商品与自己是否合适

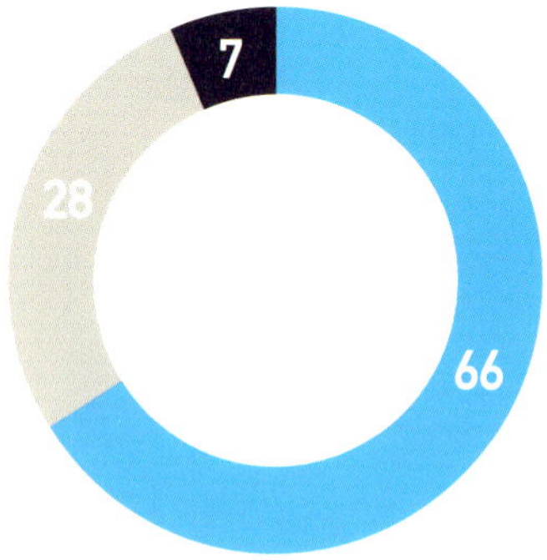

Q 为了达到自我满足而愿意花钱

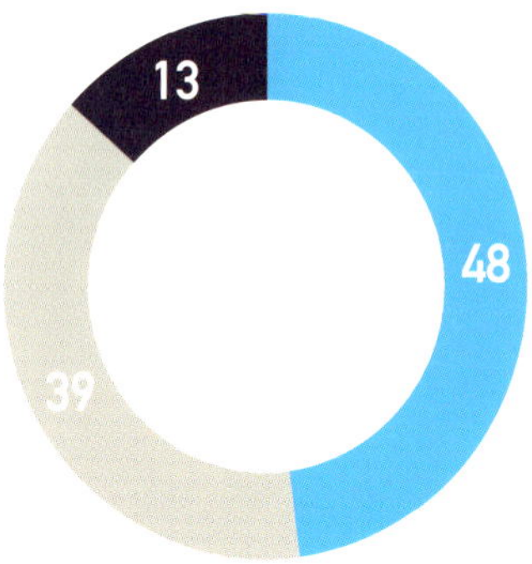

Q 为了充实自己的生活而愿意花钱

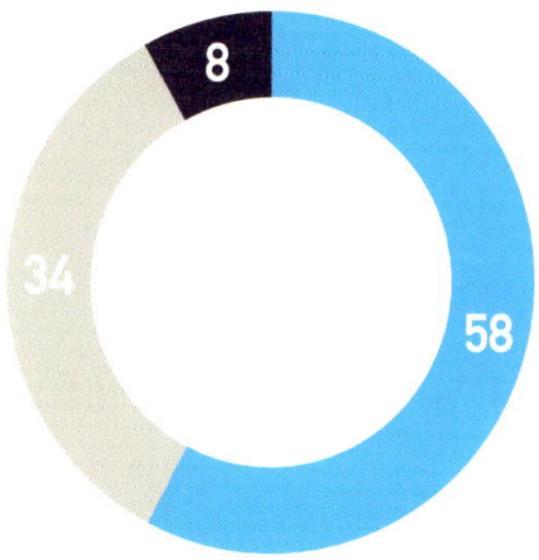

Q 比起购买名牌,选择自己喜欢的小众品牌商品的消费增加了

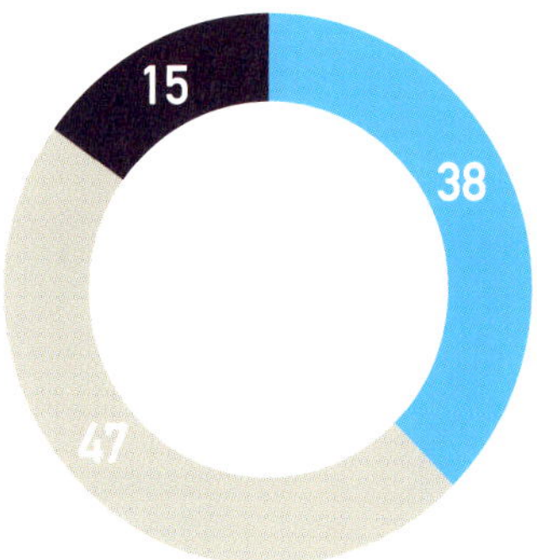

新冠肺炎流行对生活的影响

《购物生活调查2020》

Q 2020年新冠肺炎的流行对您生活各方面的影响程度如何

（单选）（%）

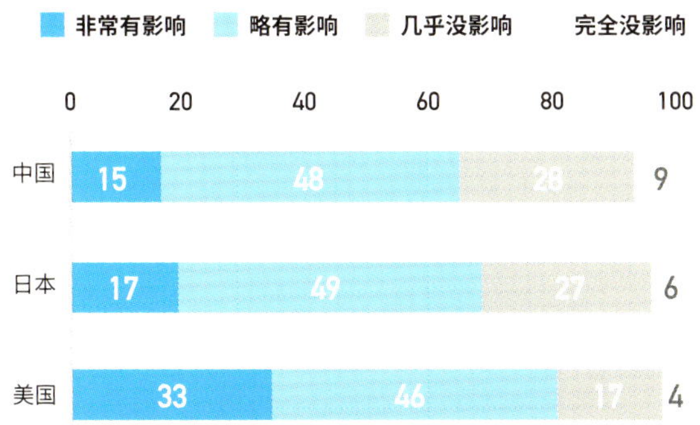

Q 受2020年新冠肺炎的影响，您的收入有怎样的变化

（单选）（%）

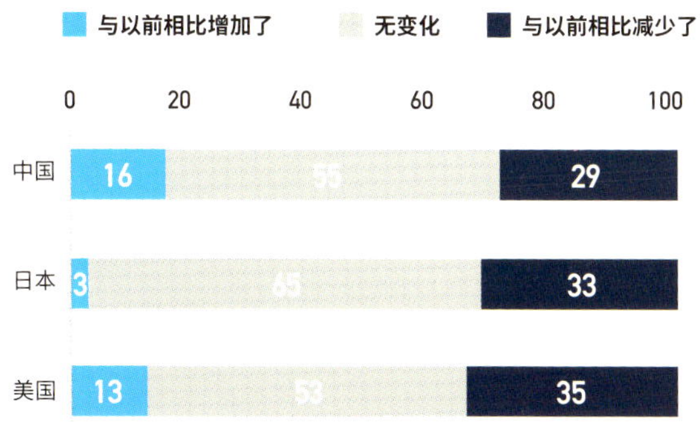

Q 受2020年新冠肺炎的影响，您的副业/兼职相关情况有怎样的变化

※这里的"副业"指的是本职工作以外（包括兼职）的收入

（单选）（%）

生活意识·行为

新冠肺炎流行下重新审视生活的意识

《购物生活调查2020》

Q 目前，您对将来的生活持有怎样的态度

（单选）（%）

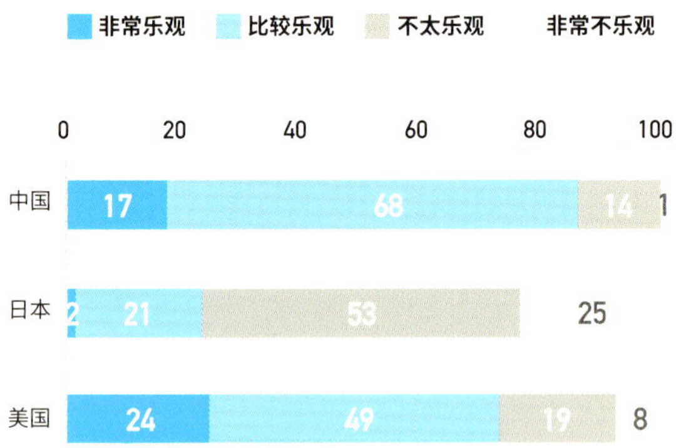

Q 目前，您对将来的生活感到焦虑不安吗

（单选）（%）

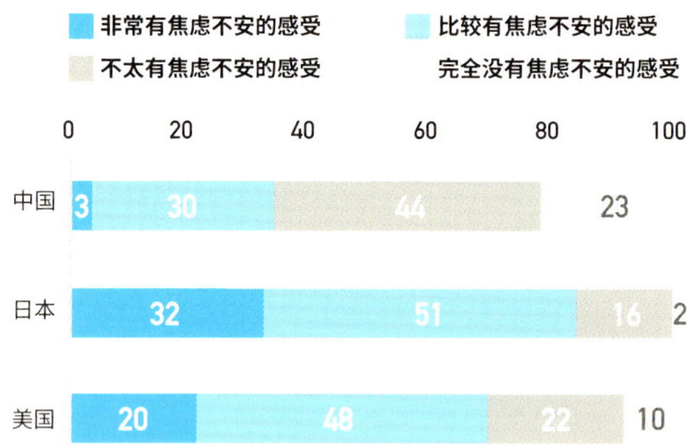

新冠肺炎流行下重新审视生活的意识

《购物生活调查2020》

Q 2020年新冠肺炎的流行让您想开始重新思考对未来生活的规划了吗

（单选）（%）

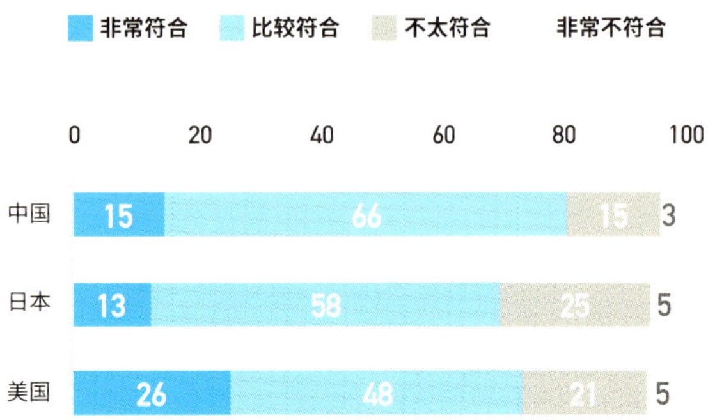

新冠肺炎流行下重新审视的生活维度　*只限中国

《购物生活调查2020》

Q 由于2020年新冠肺炎的流行，您对以下生活维度是否有重新思考过

（单选）（%）

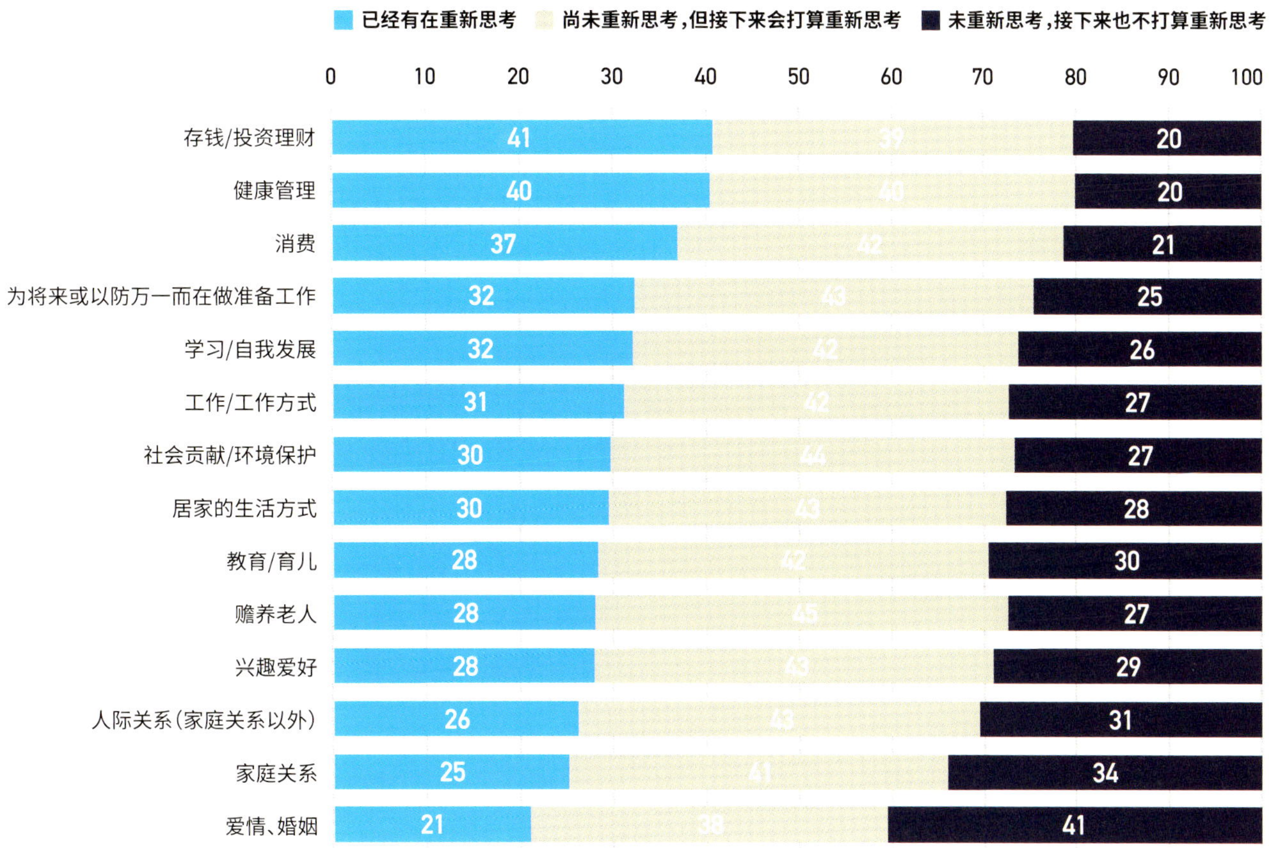

博报堂生活综研(上海)

大熊 健二
钟 鸣
山本 哲夫
余 科
张 博睿
王 希文

包 旭
稼农 慧
王 禾

中国传媒大学 广告学院

黄 京华
(中国传媒大学广告学院广告学系 教授)

杨 雪睿
(中国传媒大学广告学院广告学系主任 副教授)

项目协助

王 云鹏
江 源
高 澍
山本 泰士

博报堂生活综合研究所(东京)

石寺 修三
堀 宏史
三矢 正浩

享受源于自我尺度的购物
并重新审视生活意义的生活者

度 物

生活者"动"察 2020
The Dynamics of Chinese People
博报堂生活综研(上海)

图书在版编目(CIP)数据

度物：享受源于自我尺度的购物并重新审视生活意义的生活者 /
博报堂生活综研(上海)市场营销咨询有限公司著.
上海：文汇出版社, 2021.1
ISBN978-7-5496-3412-5

Ⅰ.①度… Ⅱ.①博… Ⅲ.①消费者行为论 Ⅳ.①F713.55
中国版本图书馆CIP数据核字(2020)第270086号

度物：享受源于自我尺度的购物并重新审视生活意义的生活者

策划推进 / 博报堂生活综研(上海)市场营销咨询有限公司
责任编辑 / 戴铮
装帧设计 / 阿部雪绘 格拉慕可企业形象设计咨询(上海)

出版发行 / 文匯出版社
上海市威海路755号
(邮政编码200041)
经　　销 / 全国新华书店
印刷装订 / 上海锦佳印刷有限公司
版　　次 / 2021年3月第1版
印　　次 / 2021年3月第1版印刷
开　　本 / 889 × 1194 1/16
字　　数 / 60千
印　　张 / 7.75

ISBN978-7-5496-3412-5
定　　价 / 58.00元

策划推进 / 博报堂生活综研(上海)市场营销咨询有限公司
装帧设计 / 格拉慕可企业形象设计咨询(上海)有限公司